Audrey Hepburn
奥黛丽·赫本传

[英]亚历山大·沃克/著　曾桂娥/译

长江出版传媒 | 长江文艺出版社

作者简介 亚历山大·沃克，英国著名传记作家、英国电影史学家、电影评论家。曾就读于贝尔法斯特女王学院、比利时布鲁日欧洲学院以及密歇根大学。20 世纪 60 年代亚历山大·沃克成为《伦敦标准晚报》的首席电影评论家。源于在电影界享有的极高声望，亚历山大·沃克成为比佛利山庄的“座上宾”。其人物传记系列《奥黛丽·赫本传》《伊丽莎白·泰勒传》《马龙·白兰度传》《费雯·丽传》《格蕾丝·凯莉传》成为描述好莱坞“黄金时代”的经典之作。《好莱坞里的英国人》《民族英雄》《“黄金时代”的耀眼明星》成为整个电影行业的不朽之作。其中《奥黛丽·赫本传》更被《时代周刊》评为“二十世纪百部杰出传记之一”，《纽约时报》“最动人的奥黛丽·赫本传记”，英国《卫报》“我们这个时代最优雅女性的最精致传记”。

一位真正伟大的女性，人们将会十分想念她。

——美国前总统里根

她不仅改变了女性穿着的方式，更永远改变了她们的自我形象，扩展了美的定义。

——纪梵希

她是极致的优雅与极致的心灵的美妙结合。

——格里高利·派克

我刚看了《罗马假日》，尽管我想恨你，但我还是得告诉你，如果换作我，我演得肯定不及你一半。你简直太棒了！

——简·西蒙斯

在一群鱼龙混杂、粗制滥造、胡乱拼凑的娱乐界明星的传记中，亚历山大·沃克的《奥黛丽·赫本传》鹤立鸡群，出淤泥而不染。事实证明亚历山大·沃克是一位名副其实的语言大师，《奥黛丽·赫本传》是一本精致的传记。

——《每日电讯报》

本书对于奥黛丽·赫本优雅天性的呈现，让其他传记望尘莫及。

——《柯克斯书评》

CONTENTS

目 录

Audrey Hepburn

她正享受着海边清新的空气，看起来有些傲慢，却又非常纯真。“这就是我的琪琪！”

奥黛丽的母亲艾拉·凡·赫姆斯特拉。

家庭秘密

奥黛丽母亲的家族都是荷兰人，并且与许多贵族地主、高级军官、政府公职人员和皇室朝臣有关系。凡·赫姆斯特拉家族可以追溯到 16 世纪早期。奥黛丽的母亲艾拉·凡·赫姆斯特拉于 1900 年生在离阿纳姆不远的威尔普的私邸中。艾拉有五个姐妹和一个兄弟,他们一出生就享有男爵或女男爵的头衔。女男爵艾拉的血统实际上相当复杂,她有荷兰、法国及匈牙利的血统。艾拉的父亲阿纳德·凡·赫姆斯特拉男爵是一位声名显赫的律师,在阿纳姆司法部担任副检察长和助理法官,同时担任该市第一位市长,在荷兰海外属地也能见到他活跃的身影。威廉明娜女王曾任命他为荷属圭那亚殖民地,南美苏里南的总督。女男爵艾拉开朗活泼,不到 20 岁就结婚了。她丈夫是一位荷兰贵族、皇家侍从霍恩·让·凡·尤德福。

艾拉短暂的婚姻从未风平浪静过,但这并没有让她对婚姻失去信心。她觉得情况会好转,下一站一定是幸福。这种乐观部分源自她喜欢追求浪漫的性格,使她容易被男人的时髦外表和冲动性格所吸引。

左：奥黛丽 4 岁时与父亲在一起。右：1938 年伦敦，奥黛丽的父亲约瑟夫·维克多·安东尼·赫本·拉斯顿。

艾拉的第二任丈夫，也就是奥黛丽的父亲，他身上似乎就有这样的特质。人们常常认为约瑟夫·维克多·安东尼·赫本·拉斯顿是一位英国金融顾问。他有部分英国血统，断断续续在金融界工作，但说他是“顾问”有些勉强，或许称他为“冒险家”更合适。

奥黛丽家族相册中，奥黛丽父亲的照片为数不多，在其中一张照片中赫本·拉斯顿身材高大，方下巴，留着精心修过的小胡子。他的发际线很高，接近颅骨，梳理得非常整齐。他的上衣剪裁得体，手放在裤子口袋里，显得非常自信。一眼看上去，他不像是那种会在争端中吃亏的人。根据站在露台上握着父亲手的小赫本的年龄来看，照片摄于 1933 年前后，地点是他们位于布鲁塞尔郊区贝尔赛尔赫特街的家中。赫本–拉斯顿那时大概 44 岁，比艾拉·凡·赫姆斯特拉年长十岁或十一岁。

奥黛丽的父亲的确生于 1889 年，但不是在英国，而是在波西米亚一个叫乌兹格的小镇。由于他父亲是英国籍，他在奥地利的大使馆也登记为英国籍。至少在童年时期他的家庭很富有，因为他家拥有一个糖果厂，这是他母亲安娜的嫁妆。小约瑟夫·拉斯顿精心打扮过，身穿量身定做的海军装、骑马服、皮短裤照相。他在青年时期的穿着打扮像城里的年轻绅士。从他当年拍摄的时髦的家庭照片中看得出，他自信甚至有些自大，喜欢与美女相伴、享受富裕生活。他很可能被宠坏了。沃尔特·拉斯顿说："母亲离婚又再婚后，他度过了一段相当艰难的日子。他的继父是一个浪荡子，几乎挥霍光了家里所有的钱。"约瑟夫很可能不得不依靠他的聪明和魅力来谋生。他有语言天赋，这为他进入各类有用的社会圈子铺平道路，也因此轻易俘获女人们的芳心。英国国籍给他的社交活动带来很多便利，而他精于计算，或者至少是对金钱的兴趣促使他进入较为传统的国际金融界。他身上的苏格兰、爱尔兰和奥地利血统让他乐于冒险，善于运用自身魅力，尽管事实证明这样做不仅很冒险而且无法长久。

有关约瑟夫的模糊记载显示，后来他去南太平洋和荷属东印度群岛做金融生意，这符合约瑟夫的一贯作风。从他在 20 世纪 20 年代初期在爪哇拍的一些照片来看，他过着很时髦的生活。一些照片是在马球场上拍的，他穿着漂亮的骑手服装，显得狡黠、勇猛。在另一些照片里，他身穿白色的热带服装与其他欧洲人在画室或绅士俱乐部逗留，环境优雅舒适，屋内设施奢侈，只有房间里一些典型的热带花卉和植物提醒人们这里不是伦敦、巴黎或者维也纳。约瑟夫·拉斯顿，或者说赫本·拉斯顿（他那时已这么叫自己了），无疑生活得相当滋润。

根据最早的英国相关官方记载，1923 年到 1924 年，他登记为 J·V·A·拉斯顿，为爪哇苏门答腊岛名誉领事。女男爵艾拉在第一次去苏门答腊见父亲时认识了赫本·拉斯顿，她的芳心一下子被他俘获。回到阿纳姆后，她感到她与霍恩·让·凡·尤德福的婚姻因双方倔强固执的脾气而摇摇欲坠。尽管生了两个儿子，伊恩和亚历山大，艾拉还是离了婚。随后她去了印度尼西亚，因为她知道赫本·拉斯顿住那里。他们于 1926 年 9 月 7 日在雅加达结婚。这是一桩源自真爱的婚姻，赫本·拉斯顿没有任何钱财。这非常不符合凡·赫姆斯特拉家族的结婚传统，由此也可看出他对女人具有强大的吸引力。

1929 年 5 月 4 日凌晨 3 点，在布鲁塞尔市郊克恩弗尔德大街的 48 号，女男爵在一幢舒适、宽敞、隐蔽的房子里生下一个女儿。她父亲的出生地被错误地记录为英国，而拉斯顿一家被登记为居住在英国的福克斯顿。这表明奥黛丽的父亲努力确保他的英国国籍不被怀疑。如果父亲出生在奥地利，可能对婴儿的国籍会造成很多困扰。出生证的见证人之一声称是英国领事馆的女秘书，她的签字更能确保奥黛丽父亲的国籍为英国。她的出生证上姓氏一栏只写了“拉斯顿”，没有提到“赫本”。孩子被命名为奥黛丽·凯瑟琳·拉斯顿。而赫本这个姓氏源自她父亲在之后家族资料中的发现，由此奥黛丽的全名为奥黛丽·凯瑟琳·赫本·拉斯顿。奥黛丽是一个胖胖的婴儿，身材矮小，脑袋很大，丝毫看不出她今后会拥有一副纸样单薄、像精灵一样的身材。她 4 岁左右的一张照片中她剪着典型的“荷兰女孩”发型，但是左边眉毛上方留有顽皮的厚刘海。她是个活泼、充满好奇心的小孩。

她的父母喜爱音乐。育儿室里经常流淌着留声机播出的优美旋律。后来她问母亲：“音乐有什么用？”母亲告诉她：“为了跳舞。”等她稍大一点，她被带到英国。一天，在福克斯顿的一个公园里，她在母亲身边蹒跚学步，母亲忽然发现她不见了。惊恐万分的艾拉走近一个围满保姆和婴儿车的舞台，她看到女儿正跟着军队吹奏的流行音乐跳一种奇怪的舞蹈。

家里还充斥着另外一种声音——父母的争吵声，这令小女孩感到很不安。艾拉和她丈夫的脾气一模一样：有主见、很自信，有些固执。丈夫凯尔特人式的任性从不屈服于妻子荷兰式的顽固。奥黛丽后来回忆说，当父母开始激烈争吵时，她常常躲在餐桌下面。在奥黛丽后来的生活里，人们从未听到过她对任何人高声说话。

母亲臂弯中的奥黛丽。

虽然奥黛丽父母的脾气不对头，但是他们把女儿培养得非常好。相对于赫本·拉斯顿来说，艾拉对女儿更为严厉。纵使第一次婚姻失败，现在这段婚姻又时不时地关系紧张，却一点没有影响到艾拉安排她自己的生活。她看重加尔文教义所说的努力工作、自律、善解人意，同时从未忘记基督教科学教精神。等到奥黛丽长大到能够明白这些戒律时，艾拉要求她积极面对生活、亲身实践。不久奥黛丽就发现了母亲的缺点：她很关心女儿的生活，却无法表达对女儿的爱。从幼年时期开始接受这些生活戒律，这对她的影响是深远的。它极好地平衡欲望和责任，激励人努力奋斗，拒绝自私自利、野心勃勃。这很好地解释了奥黛丽·赫本为何在名声面前能够保持平静、克服压力、抵挡诱惑。

到 20 世纪 30 年代，赫本·拉斯顿夫妇开始频繁地与右翼政治接触。或许人们会认为女男爵会批评掌权后的国社党在德国越来越嚣张的气焰。但是人们不要忘了希特勒对于艾拉家族所属的金融家阶层和贵族阶层的吸引力。欧洲的旧贵族感到他们可以和德国元首“做生意”。不管怎么说，对于艾拉这样性格的人来说，为了民族强大，坚定地支持一个狂热的号召（当时还没有定义为

1935 年，奥黛丽的母亲在慕尼黑（后排左一）。

纳粹信条）是很自然的事。她是一个容易被感动的浪漫主义者，容易被像元首那样的铁腕人物所吸引。正如她的婚姻一样，她迟早会后悔，只是还不到时候。

奥黛丽基本上没有受到母亲轻率地亲近法西斯的影响，或者她将这种影响藏了起来。奥黛丽永远都不可能忘记父亲接近法西斯带来的悲惨下场。

最终在对待法西斯态度的分歧之下，1935 年下半年奥黛丽父亲出走。几年后，奥黛丽父母离异，赫本・拉斯顿从此离开妻女。奥黛丽从不谈起导致她父母婚姻破裂的原因。众所周知，女男爵不再像丈夫那样热衷于法西斯了。很可能那时候与荷兰政治、国际金融和皇家法院有紧密联系的凡・赫姆斯特拉家族提醒艾拉应理智行事，至少要做到谨言慎行。

50 年后奥黛丽回忆说："当时我崩溃了，每天不停地哭。父母的离异是我孩提时代遭受的最大打击。我崇拜父亲，从他失踪的那天起我就非常想念他。在我才 6 岁的时候他就离开了我，对我来说这是非常可怕的。如果我能经常看到他，我就能感觉到他对我的爱。事实上我嫉妒那些有父亲的孩子，他们脸上挂着泪珠回到家，因为他们有父亲。我母亲非常爱我，但是她不会表示出来。没有人拥抱我。"

和丈夫分开后，艾拉打算立刻带孩子回荷兰。她直接回到了阿纳姆的家族小庄园。据目前所知，没有发现赫本·拉斯顿去看望艾拉以挽回他们的婚姻。奥黛丽同母异父的哥哥伊恩和亚历山大一直和女男爵一起生活。不过他们经常去海牙和父亲住一段时间。渐渐地他们在外表上比奥黛丽更像荷兰人。他们与奥黛丽之间的关系很友好，但是不亲密。

父母离异后，奥黛丽的生活再次发生变化。人们通常会认为她母亲来自一个富裕的家庭，钱财无忧。事实并非如此。虽然艾拉家境殷实，她父亲曾做过殖民地长官，不要忘了他需要供养六个孩子。尽管退休前他做过法官和市长，拿双份退休金，但也无法奢侈地生活。他们需要合理安排金钱。奥黛丽一家并不住在别墅或其他类似豪宅中。随后不久，艾拉搬到阿纳姆一条大街上的一所小巧舒适的公寓里。她不缺钱，但是并不十分富有。她找了几份临时工作。她很幸运，有奥黛丽这样乖巧可爱的孩子，愿意随时帮助她。

"奥黛丽进了阿纳姆一所叫作塔姆鲍尔斯·巴斯的学校。因为父亲是英国人，她能讲流利的英语。同时因为在布鲁塞尔长大，她的法语也讲得很棒。她荷兰语讲得也不错。艾拉一直是一个很能干的女人，很会精打细算。她经常关注各种机会。她乐意帮助人，是一个很好的'管理人员'。奥黛丽是一个非常用功的学生，尽管她没去上大学，但受到了良好的教育。我女儿回忆说奥黛丽很有音乐天赋。"

奥黛丽和她母亲并没有一直住在阿纳姆。1937 年有一段时间，她们越过英吉利海峡，来到肯特郡。奥黛丽开始在伊尔哈姆的一所私立学校里念书。伊尔哈姆是一个很美丽的内陆乡村，离福克斯顿不远。奥黛丽在里格登姐妹开办的学校读书。学校位于村庄广场，一共约有 14 个孩子，从 5 岁到 13 岁不等。其中有个女孩和奥黛丽的年龄差不多大，名叫琼·霍金斯。琼(现在的福德夫人)说："我记得很清楚。她说她叫奥黛丽·拉斯顿。但是有一天她告

奥黛丽表演《鹅妈妈童谣》(后排右一)。

诉我说‘我不仅姓拉斯顿,也姓赫本,和电影明星凯瑟琳·赫本的姓一样。’”

琼·霍金斯的纪念册留有奥黛丽童年稚气的笔迹,歪歪扭扭地写着“如果你有一个朋友/ 与她交好/ 不要告诉她你的秘密/ 假如她背叛了你/ 全世界都会知道你的秘密”。上面的日期写着 1938 年 9 月 8 日,从这首诗可以看出奥黛丽正经历着本不属于她这个年龄所应承受的压力与责任,她要为赫本·拉斯顿一家的家庭背景保守秘密。这首诗抒发了她对友谊的渴望,真挚动人,也表明她迈出了成长的重要一步,而且她渐渐地从失去父亲的创伤中痊愈了。奥黛丽过的是典型的英国乡村儿童的生活。“她有一点外国口音,”琼·霍金斯回忆道,“她和我们没什么不同,唯一让她与众不同的是她经常去福克斯顿学习芭蕾舞。”

奥黛丽和伊尔哈姆的英国小朋友在一起的日子结束得很突然,琼·霍金斯不记得具体是哪一天,但是肯定是在 1939 年,很可能在奥黛丽 10 岁生日前。那时女男爵住在荷兰。琼看见奥黛丽提着一只很小的旅行包,头戴一顶白色贝雷帽,走进一辆出租车。“它沿着大街开,超过运煤的货车,消失在去福克斯顿的路上。我想她是去赶开往伦敦的火车。那是我最后一次看到奥黛丽·赫本。她突然离去,应该是发生了紧急情况。她都没时间和我们这些朋友说再见。

1938 年，奥黛丽 9 岁生日时（左边最高旗帜下面）。

我们没有想过她会突然来到我们中间，又像谜一样地离开了我们。”

艾拉·凡·赫姆斯特拉的亲戚在荷兰政府工作，他们认为国际环境非常不稳定，她和奥黛丽留在英国不安全。如果战争爆发了，艾拉宁愿和她在荷兰的家人待在一起。但是当她在阿纳姆时，这一切变得格外迫切。在焦虑面前，她暂时埋起了对前夫的怨恨，她联系到了在伦敦的前夫，要他照顾女儿，使奥黛丽安全乘机回家。这就是为什么奥黛丽突然离开伊尔哈姆，来不及跟朋友告别、甚至无法告诉他们她将去往何方的原因。可能女男爵觉得应该处事严谨，不应流露出她对英国在安全上的顾虑，她认为战争一旦爆发荷兰比英国更安全。

父女俩在滑铁卢车站相见。这是自从父亲从布鲁塞尔郊区的家里出走后奥黛丽第一次见到他。许多年后，她告诉朋友：“就像《铁路上的孩子们》里的场景。”《铁路上的孩子们》是奈斯比特写的一本儿童经典读物：一位被送进监狱、失踪很久的父亲出狱后与女儿重逢，他从火车上下来，女儿穿过蒸汽的白雾跑向他。令人感到讽刺的是，赫本·拉斯顿正在走向相反的方向——监禁生活。

他目送奥黛丽登上一架荷兰飞机。奥黛丽记得飞回荷兰的旅程像一个梦，梦中一切事物都比现实中更大、更亮，“飞机是一架橙黄色的飞机……它飞得非常低……那是我最后一次见到父亲。”

1946 年阿姆斯特丹，奥
丽身着母亲好友设计的
服，成为一名临时模特
时的奥黛丽刚刚从疾病
康复。

跳舞的小淑女

奥黛丽很早就表现出对舞蹈的喜爱，1939 年她母亲送她去阿纳姆音乐舞蹈学院学习跳舞。她长得很快，身上的婴儿肥已经消失，常规训练锻炼了肌肉，让她很快苗条起来，使她长成了后来相当有名的苗条身材。她脸蛋椭圆形，颧骨很高，线条纤长的优美的脖子像花茎般挺立，端庄自然，这都得益于芭蕾课程的训练。虽然芭蕾舞的早期训练包括注视镜中的自己，但那不是一种顾影自怜的注视，芭蕾学生被要求观察自己的不足之处，而不是对着镜子满足自己的虚荣心。奥黛丽后来承认，她不太喜欢镜子中的自己。她总是觉得自己显得有点奇怪。她身体的每一部分可能都不十分完美，不过这点连葛丽泰·嘉宝也是一样。与嘉宝一样的还有，或静或动，奥黛丽身体的整体协调性很好，完全自然地控制着自己。

在阿纳姆的日子过得很平静，尽管从第二年开始局势越来越紧张，官方将这段时间称为“非实战状态”。1940 年 5 月，萨德勒斯威尔斯芭蕾舞团（英国皇家芭蕾舞团的前身）来荷兰访问演出，希望以此来鼓舞荷兰人民的士气。

萨德勒斯威尔斯芭蕾舞团由尼内特·德瓦卢娃领导，玛戈·芳婷和罗伯特·赫尔普曼是主要芭蕾演员。奥黛丽被选为学生代表，向德瓦卢娃和芳婷献花。德瓦卢娃和芳婷是奥黛丽特别喜爱的舞蹈家，她曾在英国战前观看过芳婷的演出，演出结束后去过后台，在芳婷的化妆室与这位迷人的年轻女士交谈过。奥黛丽长大后，认识奥黛丽和玛戈·芳婷的人会看出二人非常相似：不仅因为奥黛丽早年接受过芭蕾舞训练，还因为两人举止沉静，工作严谨沉稳，更重要的是，两人说话的方式相近。奥黛丽和芳婷嗓音柔和，语调充满温情，光是她们的声音就会吸引观众的注意力。芳婷应当是奥黛丽最早的崇拜对象之一，不管是在个人风格还是芭蕾舞蹈方面，奥黛丽都以她为榜样。

奥黛丽回忆道："一天早晨，母亲来到我的卧室，拉开窗帘说：'快起床，战争爆发了。'这是自我父亲离开后最糟糕的记忆。"

德军占领阿纳姆后，对城市和乡村都施加压力，对奥黛丽和家人来说日常生活变得不可预料。奥黛丽不止一次希望父亲能在身边。

奥黛丽被母亲以"安全"为由召回家，却不得不痛苦忍受敌人占领带来的物资匮乏。凡·赫姆斯特拉家族的产业被德军占领。奥黛丽和她的家人在荷兰每日面对危险，艰难生活。他们开始知道生活变幻无常。

奥黛丽从不在公共场合讲英语。她要求同学别叫她奥黛丽，只能叫艾达，虽然在战前，她更愿意使用她荷兰名字的英文称呼。学校不再教英语，德语取而代之。奥黛丽会讲荷兰语，但是她只会些基础知识。在早年搬去布鲁塞尔之前，她学习了一些荷兰语。现在她感到落在了同龄女孩们的后面。"我连说话的方式都和其他孩子们不同。我的荷兰语很呆板，我很害羞。"对她来说，在舞蹈课上用脚来表达自己似乎比用舌头更愉悦。

除了父母，奥黛丽最喜欢的一位亲人是她祖母：安娜·凡·福勒格夫人（这个称谓来自她的第二次婚姻）。她当时住在维也纳。在战争期间，虽然自己的处境不易，这个坚强的老太太依然给她写信，给她寄礼物，通常是衣服。

奥黛丽和母亲。

奥黛丽有时会在回信中补充一句说她是如何思念她的父亲。在她的信里，总是表现出过剩的精力而且几乎没有提及让人心力交瘁的战争。在奥黛丽十几岁的时候，她就已经有了一种很强的超然于灾难之外的能力。

战争开始时，奥黛丽在阿纳姆音乐舞蹈学院学习芭蕾，但是很快，由于宵禁和灯火管制使得这无法进行。女男爵意识到需要给她女儿对舞蹈的热爱找条出路。她在朋友的房子里修了练功把杆，雇用了一位临时老师指导女儿和其他几个孩子。尽管如此，老师最后还是不能来了。于是奥黛丽穿上舞鞋，开始教小一点的孩子跳舞。“我记得那个小房子里没有把杆，奥黛丽鼓励孩子们把脚放在窗沿上练功，”埃弗兹夫人说，“奥黛丽一直是一个有创造力的孩子。”

芭蕾不只是奥黛丽的爱好，事实上这是她唯一的娱乐活动。“我以前基本不去电影院，战争年代，我从不去电影院，因为电影院只放德国电影。”她回忆道。为了给地下运动筹款，她曾在邻居们的家里演出过一些古典芭蕾的片段。因为当时的法律不允许很多人在一个地方聚集，为了不引起德国巡逻队的注意，演出过程中窗帘拉得严严实实，屋内因灯火管制一片漆黑，人们安静地欣赏奥黛丽翩然起舞，在钢琴的伴奏下她穿着毡布拖鞋跳芭蕾（芭蕾舞鞋已穿坏，买不到新鞋）。芭蕾独舞结束后，人们传递帽子，往里面放钱。这些钱大部分作为抵抗敌人的资金，小部分用来贴补家用。

“我几乎没有真正的少年时光，”奥黛丽总结说，“我朋友很少，不像十几岁的孩子那样娱乐，缺乏安全感。我变得内向不是理所当然的吗？”正是在这段糟糕的日子里，她学会珍惜每一天，踏实生活。“我觉得那时候的我比现在还成熟。”一些偶遇让她得以瞥见别人不那么幸运的生活，至少她在艰苦的战争年代还能学习芭蕾。

思考他人的命运让奥黛丽逐渐学会善解人意。有一个故事广为人知，因为奥黛丽本人讲述了这个故事，在这个事情上她没有吹牛或者说谎。1943年，一位英国伞兵降落在荷兰，隐藏在位于离阿纳姆不远的树木繁茂的山上。奥黛丽答应给地下抵抗组织传送情报、与伞兵取得联系。和大人相比，一个儿童出现在森林里不容易引人怀疑。

她在伞兵躲藏的地方唱英文歌，与伞兵取得联系，向他传递了情报，转身往家走。她机智地在树林里摘了束花，如果被拦住，她可以解释她为了摘花来到这里，花朵也能让她显得更单纯。路上她确实被在附近巡逻的德国步兵拦住。她停下来，向他行礼，把花束送给德国兵，仿佛她在跳芭蕾鞠躬答谢。德国兵笑了，觉得奥黛丽很羞怯但非常有礼貌，事实上奥黛丽害怕得在发抖，担心会被逮捕。德国兵冲着奥黛丽露出父亲般的微笑，放奥黛丽回去，还礼仪性地朝她挥挥手。

即便奥黛丽适应能力很强，战争还是损害了她的身体。与外婆、舅舅和舅妈住在一起，她每天只靠一顿饭维持生命：野水芹和草药熬成的清汤寡水，“面包”是装在果冻模子里捣碎的豆荚。他们每天都只能吃这样的饭。没有燃料，没有肥皂，没有蜡烛，也没有放心的饮用水。水果和块根农作物从来都不够吃。奥黛丽身高蹿到 1.67 米，整日食不果腹，慢慢开始营养不良。她患有贫血、血流缓慢，体内不能分散杂质，淤积在下肢，结果腿和脚开始水肿，非常痛苦。她只能在梦中跳芭蕾。奥黛丽荧屏上瘦骨嶙峋的身材并不是完全拜这一年的困苦生活所赐，其他因素如遗传也有很大影响。但是缺吃少穿确实影响了她的新陈代谢，更不用说她在精神上所受的刺激。她舅舅曾是一位有名的法官，一天她看到一名盖世太保尾随舅舅。在随后的德军军事报复行动中，舅舅被德军杀死。

“过去我常常告诉自己：如果这一切结束了，我不会再抱怨任何事情。”奥黛丽回忆说。

她践行着自己的话。早年在父母争吵中，她养成了安静的性格，经过战争的磨炼，她更加沉稳。她知道其他地方的一些人比她的生活条件更恶劣。

1944 年 9 月，很明显同盟国即将取得胜利。德军的报复来得迅速而且猛烈。那天晚上，在轰炸期间躲进地窖的所有幸存的男人、女人和儿童，包括奥黛丽在内，她妈妈、哥哥和朋友，被告知第二天早上 8 点必须离开阿纳姆，拒绝离开或者晚走的人将立刻被处决。离开前，奥黛丽帮忙将衣服和生活必需品尽量装满手提箱、背包和其他一些打包箱。他们随后加入接近十万人的市民队伍，蜿蜒前行。矍铄的老人、病人、壮汉或者跛子留在荒郊野外照顾自己。至少有 3000 人因暴露自己、体力不支或者疾病而死。凡·赫姆斯特拉一家再次幸运地与死神擦肩而过。他们在离阿纳姆附近的威尔普村找到一栋曾经属于奥黛丽外公的宅邸，将此处作为避难所。

正是在这段战争即将结束的日子，奥黛丽差点被德国军队抓住。德军逮捕每一个男人和男孩及有工作能力的妇女和女孩，为他们匆匆建成的防御工程干苦力，他们建防御工程是为了阻挡同盟国的装甲部队和掩护德军撤离。奥黛丽回到阿纳姆寻找食物时看见一个巡逻兵。她躲进一个废弃的房子的地窖里。她在地窖躲了相当长的时间，最后连她母亲都以为奥黛丽在德军搜罗时被抓了。当奥黛丽拖着无力的双腿回到家，家人又惊又喜，但是很快惊喜转为对她健康状况的担忧。奥黛丽原本患有贫血和水肿，躲藏敌人时又患上黄疸。幸好战争及时结束，以及联合国儿童基金会在当地救助提供的青霉素及时的挽救了奥黛丽的生命。否则奥黛丽的生命也要走向尽头。这样一个事件促成奥黛丽终其一生想要帮助困境中的儿童：她曾经和他们一样，深知濒临死亡的“味道”。

1945 年 4 月，英国释放了赫本·拉斯顿。他被监禁的时间非常漫长。自从和母亲离婚后，她没有再提过父亲的名字。最终她会明白父亲那几年身处凄惨的境地，曾经英俊时髦、充满慈爱的父亲从监狱释放后落得如斯田地。但是那段日子，她和妈妈需要创造新生活。

战后凡·赫姆斯特拉一家过着捉襟见肘的生活，艾拉靠自己的人脉和名气在阿姆斯特丹找到一份工作。她用所得的报酬支付奥黛丽的医药费，奥黛丽身体恢复后，用来支付她的芭蕾学费。1945 年 5 月 8 日，奥黛丽在阿姆斯特丹给祖母写信，说她已经在阿姆斯特丹的一所俄国老师开办的舞蹈学校就读，她觉得这所学校比阿纳姆的那所好得多。她的老师是一位俄国移民，名叫桑妮雅·盖斯凯尔，奥黛丽觉得她“非常迷人”。

奥黛丽每天去桑妮雅·盖斯凯尔的工作室学习，桑妮雅·盖斯凯尔是阿姆斯特丹的首席舞蹈教师，她的舞蹈在当时非常前卫，既糅合了爵士舞蹈、具象音乐的现代韵律，又不乏古典舞蹈的优雅。很快奥黛丽的腿部肌肉重新恢复了力量和柔韧性，动作优雅成了她的第二天性。

奥黛丽把全部精力集中到了芭蕾舞的学习中，就连她的老师也认为她对自己太严厉了。在与死亡擦肩而过之后，她明白了生命的价值，更加珍惜目前

奥黛丽饰演《鞑靼酱》。

的生活。而且她所接受的加尔文式教育让她把勤奋努力奉为人生准则，而基督教科学派的训练又让她对事物坚持一种只要有希望就坚持到最后的信念。她的个人意志只对一件事情无可奈何，那就是她的身高。她的身高将近 1.7 米，表演经典曲目时男演员至少要比她高 3 厘米，这样才能使他们的组合达到令人愉悦的视觉效果。而那个年代芭蕾舞演员们通常身高比现在的演员要矮。

桑妮雅·盖斯凯尔的舞蹈学校突然失去了政府的津贴，学校不得不停办，盖斯凯尔打算搬至巴黎开辟事业。老师一走，奥黛丽的芭蕾课程只得中断。女男爵因为上段婚姻成为英国公民，1946 年底她做了一个决定：带奥黛丽去英国，让她继续学习芭蕾。1947 年 1 月 4 日，奥黛丽写信给祖母说近期在英国旅游，很喜欢英国之旅。她告诉祖母，她和母亲希望尽快搬到英国定居。她在科芬园观看的两场芭蕾舞表演再一次点燃了她想将芭蕾作为终身职业的梦想。

在以前舞蹈老师的推荐下，她进入了兰伯特芭蕾舞学校，这个学校是伦敦最重要的一所芭蕾舞学校。由于桑妮雅老师的关系，奥黛丽还获得了一份奖学金。兰伯特芭蕾舞学校由玛丽·兰伯特创办，她曾经也是一位舞蹈家，她很同情奥黛丽，觉得她长得太快太高，很难成为一名专业舞蹈家。兰伯特女士自己曾经也因为身高问题，没能成为芭蕾舞团的首席。

奥黛丽夜以继日地工作，这个 18 岁的少女无暇谈恋爱、参加聚会、看戏或者看电影。追随玛戈·芳婷和其他舞蹈家的步伐，奥黛丽努力学习芭蕾，跳芭蕾也是她的工作。她的乐趣很简单，就是“感受伦敦”。战后英国的政治经济面临严峻考验，历经浩劫的英国人民筋疲力尽、慵懒懈怠。但是对于奥黛丽来说，英国仍然充满了机遇。她一心探索和平时代的新世界，弥补失去的童年。

尽管奥黛丽在兰伯特芭蕾舞学校勤学苦练，很快她和老师都清楚，奥黛丽不可能成为下一个妮耐特·迪·瓦洛阿或者玛戈·芳婷。在任何艺术中，有天分和极有天分之间的距离可能很小，但是这个小距离却非常关键。奥黛丽发现勤奋工作并不能带来理想的回报，这让她非常沮丧。如果一个人在某一领域没有当明星的潜质，终其一生也不过是水中捞月而已。

兰伯特女士后来说：“如果她坚持跳芭蕾的话，她可能会成为一位杰出的舞蹈家。”这当然是一句客气话。这句话的关键词是“可能”。即使奥黛丽日后成为电影明星，获得很多奖项，她在每次参访中总说她不是一个“天生的”演员。她承认她得到的一切都不容易，不得不努力争取。她在兰伯特舞蹈学校对自己的要求是最为苛刻的，因为芭蕾比电影更为精确、不容有失。你不能在芭蕾上“投机取巧”。她或许拿自己和当代最优秀的芭蕾舞者比较过，得出一个令人伤心的现实结论：她不会成为顶级舞蹈家。她一边继续参加课程，一边寻找其他出路。

此时一扇通向机遇的大门向她打开，不过与芭蕾舞无关。荷兰国家航空公司急于在战后推销自己，并试图振兴荷兰的旅游业。他们筹备了一部约 40 分钟的旅游纪录片，需要一个精通英语和荷兰语的少女，扮成空中小姐向观众讲解。女男爵正好和国家航空公司的一位主管认识,他介绍奥黛丽去试镜。奥黛丽得到荧屏中的第一个角色,初露头角。纪录片制片人之一,H · M·约翰夫森在多年后回忆说:“她性格开朗,可爱又迷人……她光彩照人,如同阳光一样绚烂。”尽管空姐这个角色并不太符合她的形象,但这确实是奥黛丽散发的特殊魅力。空姐的服装是军装式的紧身上衣和长及膝盖的裙子,这装束让奥黛丽看起来比她十七八岁的实际年龄大了几岁:几乎像一个少妇。她头上戴了一顶空中小姐的长帽子。她的头发并不是像以后那样总是留着顽皮的刘海,而是左右两侧留着松软的波浪。在这个短片里,她活泼地和一位试飞员打招呼,这位试飞员由当时一位明星扮演。画面转向一位站在台阶上欣赏荷兰风景的男性乘客,奥黛丽向这位客人介绍荷兰的美景。解说员说道,乔治,即那位乘客向她告别,并称赞她的漂亮胜过荷兰的美景。镜头转向站在台阶下的奥黛丽,她脸上的表情为这个赞美停顿了一两秒,随即绽开了一个甜美的微笑。就像我们后来在《罗马假日》里所看到的,她从派克的床上独自醒来,一个迷人的微笑在脸上绽放出来。从此,这样的微笑在银幕上下屡见不鲜。

她还做过帽子模特,也因为她通晓多国语言,为旅游公司做过档案管理员,后来她在一家名叫西罗的时髦夜总会跳舞。奥黛丽的重心逐渐转移到商业演出上,她也很喜欢。她回忆说:“通常我们深夜两点下班,我穿过皮卡迪利大街,走回家。路上很有趣,非常安全。”

奥黛丽常说她不想对未来的生活做太长远的打算,战争已经告诉她计划赶不上变化,但是当时她不得不在这两种选择中做决定:随兰伯特芭蕾舞学校到各省表演或者参演一部音乐喜剧。在残酷的现实面前,她选择了后者。她永远放弃了芭蕾。

制片人杰克·希尔顿正在伦敦为轰动一时的百老汇音乐会《高跟纽扣鞋》招募女子歌舞团,对入选者进行面试。奥黛丽与其他 9 位女孩从 3000 名应选者中脱颖而出。这部音乐剧虽然走喜剧路线,但是和芭蕾舞一样要求演员

《械劫装甲车》剧照，1951 年。

充满活力，动作标准，能够精确把握时间。

在《高跟纽扣鞋》成功结束前，奥黛丽在时事讽刺歌舞剧《鞑靼酱》中找到一个角色，饰演该歌舞剧中六个女孩中的一个。

塞希尔・蓝道是剧团经理、《鞑靼酱》的制片人。他命令奥黛丽“做个好跟班”，其实他是奥黛丽的好跟班。他们在艾维或者萨弗伊剧院一起吃午饭。奥黛丽并不喜欢这种表演性质的自我推销，但是无论多么虚伪，蓝道还是帮她吸引了挑剔的专业经纪人和其他食客的目光。在 1949 年 5 月《鞑靼酱》首演开始后，当时以超现实摄影效果著称的摄影师安格斯・麦克贝恩为奥黛丽拍摄了一组照片。

《少妇轶事》剧照，1951 年。

摄影师后来回忆说："我会让她埋在沙子里。"她望着我们。裸露双肩，周围都是沙子，这很好地掩饰了她的平胸，头发扎的很低，但是她日后的明星范儿已经显露出来：大而清澈的双眼，浓眉，高颧骨。

1950 年，《鞑靼酱》演出进行一半，《开胃酱》开演。喜剧演员鲍勃·孟克豪斯当时和奥黛丽搭档出演这部舞台剧。她和剧中一个年轻的法国钢琴手马塞尔·勒·邦恋爱了。蓝道愤愤地告诉女孩们，他在他们的雇佣合同中明确标明"不许结婚"。奥黛丽对剧团很重要，不能将她开除，但是蓝道对她的态度突然发生转变，他们之间的关系急转直下。但是此时奥黛丽已经不需要塞希尔·蓝道的帮助了。她开始发展第二个事业：拍电影。

最好的建议

1950 年,一些电影给她提供了一些角色。舞台剧工作很不稳定，所以有机会去演电影让她很感激。嫁给约翰・麦卡勒姆的知名演员古吉・威瑟斯看过《开胃酱》后向里奈特与邓菲公司的首席戏剧经理人推荐奥黛丽。因此奥黛丽有机会出演《野燕麦》中的一位酒店前台。而参演《天堂笑语》颇费了一番周折。当奥黛丽去找英裔意大利电影导演马里欧・赞比,希望能给她一次出演《天堂笑语》的机会时,导演非常遗憾。他看过《开胃酱》,知道他的这部喜剧——遗产受益人争取获得满足得到遗产的条件,非常适合奥黛丽用时尚幽默的方式演出。但是太晚了,已经有人出演女主角了。但赞比当时突然面露喜色,他可以给奥黛丽另一个角色,虽然戏份很少,但是他非常喜欢奥黛丽,会把奥黛丽在荧屏上的时间增加一倍。奥黛丽将饰演一个卖烟女孩,演出时间为 20 秒。影评甚至没有提到她这个角色。但是赞比很有信心。“她将来会成为一个大明星”,1951 年 1 月他在《电影》周刊中这样说过。

奥黛丽的电影事业刚开始并不顺利,她随后参演《少

《姝艳》剧照,1951 年。

妇故事》，这是一部喜剧，设定在战后伦敦房屋紧缺的时期，但是这部喜剧缺乏智慧、索然无趣。她错过了其他好角色，包括《比基尼宝贝》中的主角。

至少选角导演都知道她有潜力，她缺的只是时来运转的机会。1951 年年初，她在电影《拉凡德山的暴徒》剧组拍摄了一天，再次饰演吸烟女孩，这次她挑逗地走向亚力克・吉尼斯，说“来根儿烟？”，背景像是在国外一家高档饭店里，她给他提供了一些建议，因此私下里得到一笔小费。影片结束时，人们才发现吉尼斯原来是一位黄金大盗，双手戴着手铐，“饭店”其实是机场的候机室，他在此等候被驱逐出境。这部喜剧的制片人伊琳制片公司的迈克尔・鲍肯想要找一位外表惊艳的女孩，通过女孩对吉尼斯的爱慕来表现偷盗对这个爱穿细条纹的安静小个子男人的改变。奥黛丽“小鹿”一样的外表吸引了鲍肯的注意力。之后，在公开场合他也懊恼地表示没和奥黛丽签约。而这时更有眼光的专业人士已经签下了奥黛丽。

英国联合影业公司的选角导演罗伯特・雷纳德看到奥黛丽在西罗和《开胃酱》中的演出，而后看到她从《拉凡德山的暴徒》的片场和放映室进进出出，决定和奥黛丽签约，让她出演英法双语电影《蒙特卡洛宝贝》，该片将于夏天在摩纳哥和蓝色海岸拍摄。奥黛丽流利的法语有助于同时拍摄两个版本的电影。对于奥黛丽来说，最吸引她的是无限量提供的美食和充足的阳光。

当时促使雷纳德签下奥黛丽的原因不只因为她潜力明显，还因为他们公司要拍一部有影响力的电影，她签约后可以参演。事实上 4 年前，即 1947 年前后，导演梭罗德・狄金森和合著者、英国小说家乔伊斯・加里已经构思出电影《双姝艳》的剧情。这是一部政治惊悚题材电影，讲的是居住在战后英国的欧洲难民陷入一个陷阱，要去刺杀巴尔干半岛的一位独裁者。狄金森和制片人西德尼・科尔在一家伦敦晚报上看过奥黛丽的照片，在看过她演出《开胃酱》后，他们考虑让奥黛丽饰演《双姝艳》中女主角的妹妹。

1950 年 10 月 30 日，梭罗德・狄金森面试奥黛丽，她饰演年轻难民的

《天堂笑语》剧照，1951年。

妹妹诺拉。她已经知道有这样一部电影，因为《双姝艳》的制作办公室就在她演《拉凡德山的暴徒》那场戏的片场旁边。她试着问过鲍肯的员工，新电影“有没有适合我的角色”。拍摄《如此运动生涯》和《如果》的导演林赛·安德森最近正在写一本关于制作《双姝艳》的书，他回忆说奥黛丽“非常有抱负”。看见奥黛丽的人会觉得她很柔弱，不会想到她如此有抱负。支撑她多年芭蕾舞训练的那股决心现在转移到演艺事业上了，她渴望成功。

“她给人的感觉不像‘演员’，”安德森回忆说，“她演的角色没有展现她的过人天赋。不管怎样梭罗德看中的是她的舞蹈才能，他称之为‘活力’。”奥黛丽的身高是个问题。狄金森觉得奥黛丽太高，“姐姐”没她高，这样一来，奥黛丽和“姐姐”搭配不协调。意大利女演员丽·帕多瓦尼饰演姐姐。面试时他们先让奥黛丽背部贴墙站立，测量她的身高。确实太高了。帕多瓦尼12月因档期冲突，退出电影拍摄。奥黛丽在身高上与1951年2月初签约的瓦伦蒂娜·格特斯更协调。

1951年2月15日，伊琳制片厂举行试镜会，挑选诺拉这一角色的人选。奥黛丽是其中之一，她和其他女演员需要跳舞，并表演一段对话。奥黛丽很幸运，负责芭蕾舞场景的是兰伯特夫人曾经的同事。她想看到以前的学生成功，但是她做得过头了，在对话表演时用手给奥黛丽“提示”和“鼓励”，这让第一助理导演史派克·普利非常恼火，向电影联盟说了她的坏话。奥黛丽的表现不尽如人意。

奥黛丽最大的优势在于她独一无二的魅力。竞选对手的表演“让人满意”，但是，根据安德森当时的日记记载，“她太急于表达，眼神显示出一种精明世故。”奥黛丽的眼神恰恰相反，有一种天真无邪，正是剧中妹妹的样子。2 月 23 日，剧组将奥黛丽召回，但仍然不确定是否由她饰演诺拉。她和另一个也是专业舞者的女演员将再次进行一场跳舞测试，然后是对话表演。

好运眷顾了奥黛丽。工作人员一定对奥黛丽展开了热烈的讨论，因为尽管在电影开工前意大利明星瓦伦蒂娜·格特斯那晚需要暂时回趟意大利，她仍然自愿和奥黛丽演对手戏。她一看到这位瘦弱但是充满活力的女孩就问：“为什么他们还没决定让你饰演诺拉？”

奥黛丽说：“他们觉得我太高了。”

“荒唐！脱掉鞋子，测试时我会踮着脚尖。”

在这个简短场景中，兴奋的诺拉跑进来，说她应邀到花园聚会上跳舞，尝试着在舞蹈中表现到访的领导人的生活。她还补充说，她需要试演。在这个关键时刻，奥黛丽感受到的紧张与激动正好符合剧情需要。安德森的日记中写道：“她跑来跑去，评委们意味深长地互相看看，眼神交流说奥黛丽具备这些素质。这场加试简直像是浪费时间。”

西德尼·科尔确认了这一点。“梭罗德对我说：‘为什么要拍跳舞的场景？很明显奥黛丽可以演诺拉’。”3 天后人选敲定，“奥黛丽饰演诺拉”，奥黛丽的名字于 1951 年 2 月 26 日写进电影日志。她在电影事业上又迈进一步。

奥黛丽的舞蹈测试是跳一段芭蕾，这对她来说没有难度，但现在的舞蹈编排对她是极限的考验。灯光摄影师一遍遍的重复拍摄让她很快就觉得厌倦。

1952 年，奥黛丽短发刘海的形象。

在她日后的演艺事业中，她把对重复拍摄的厌恶隐藏得很好，但是刚踏上演艺之路时她对此的厌烦表现得很明显。如果她想要保持相当复杂的情绪或者一系列的动作，重复会让她最初的自然反应消失殆尽。

电影开拍时，跳舞的戏出人意料地繁杂。奥黛丽比以前更加想去里维埃拉拍摄《蒙特卡洛宝贝》。1951 年 3 月的英国冷得刺骨。伦敦陈旧的贝德福德剧院的暖气经常停止工作。都柏林剧院的芭蕾舞场景要比贝德福德的多一

1952年，拍摄工作中的奥黛丽。

倍。在这两个地方工作，奥黛丽不得不在刺骨的寒冷中排练 4 天，拍摄 2 天，每天工作结束后她的肌肉和脚踝都冻得生疼。尽管只需三四分钟的舞蹈，并且最终电影中所需的舞蹈镜头会更少，但排练和拍摄工作比传统芭蕾舞耗时更长、难度更大。管弦乐队在每一个镜头片段会一直反复播放相同的音乐，而且狄金森要求拍摄很多镜头。奥黛丽说：“一遍又一遍地听着音乐，我当时很想尖叫。”奥黛丽很豁达。她不抱怨生活中的不如意，认为挫折可以让自己更坚强。

安德森记得，每拍完一个镜头，奥黛丽都会跑到更衣室，在电炉前暖和一下手脚，每天工作结束后，如果水箱有热水，她会洗个热水澡，直到鸡皮疙瘩消失为止。

当时只有四十多岁的梭罗德·狄金森是个严厉的监工。在西德尼·科尔看来，他力求奥黛丽做到完美无瑕，简直像一位教导女儿的严厉父亲。她渐渐依赖狄金森。科尔说："奥黛丽的戏出现问题，他会很着急。"有一个镜头是，在一次暗杀未遂后，一位无辜的女服务生死去，诺拉看到此景内心受到创伤。她和姐姐回来后感到震惊，诺拉说："发生了恐怖的事情。这里发生了一起爆炸事故……啊，太可怕了。"奥黛丽表演的感情不到位。狄金森说："你在战争中一定看到或者听说过类似的事情。"他不知道他的一句轻描淡写勾起奥黛丽对往日悲惨生活的回忆。他告诉她："不要想台词。"感情，纯感情会帮助她融入戏中。安德森注意到她走到片场的角落独自待了几分钟，自己和自己作内心交流，然后助理导演史派克·普利根叫她上场，此时她对战争年代和贫困的恐惧全部被激发出来。奥黛丽将每种情绪表现得直截了当，这表明她已经完全学会了去掌握剧中人物台词并用自己的生活经历加强其效果。

在《双姝艳》的片场她获得了"世界上最好的建议"。瓦伦蒂娜·格特斯不同意"为了帮助电影做宣传"和男主角、影片中饰演头号反叛者的意大利男星塞基·雷加尼一起做访问。一年前参演《黑魔法和小偷的公路》时，格特斯已经感受到好莱坞宣传的威力，她知道他们在宣传中把演员的性格描绘得和本人迥异，有时甚至相差十万八千里。"当然我知道如果一个女演员深受大家喜爱，人们不仅仅认可的是她的演技，也认可她的人品，人们想去了解她、去和她接触。这种事情有时候很感人。但是作为演员我们需要有自己的生活。在好莱坞这是件可怕的事情，他们希望你是他们的奴隶，你不仅仅在电影拍摄的时候要为他们工作，还要时刻准备好为他们做任何事情。"她向奥黛丽耸耸肩，继续说："在你签长期合约前认真想想。自由是世上最美好的事。"

她在日后电影中自然清新、简单大方的特质在《双姝艳》这部影片中已经开始成型。她穿着方格套装、戴着扁平帽，一条随风飘扬的缎带显得诺拉非常活泼。诺拉从难民变成英国人时，她的快乐是发自真心的。即使奥黛丽当时的表演大部分时间没有多少特色，还是有人注意到她了。她时刻保持着警醒，仿佛是一只准备好飞上枝头的鸟儿。在跳芭蕾时，她唤醒全身细胞，满怀期待地跳着。电影中她不是站在脚尖上跳舞，而是用前掌在跳。因为天气冷，她血液循环慢，再次患上水肿或者膝盖浮肿。然而她的性格弥补了身体缺陷。瓦伦蒂娜·格特斯在电影中一句台词是："他们很好，诺拉在卡巴莱歌舞表演中应该表现不错。"这句评价也适合奥黛丽，她有卡巴莱歌舞舞者所需的开朗活泼，而不是芭蕾舞者的自我关注。

记者们当然迫不及待地窥探她的"私人"生活，她对男朋友一事也保持沉默。记者们问：有人看到有位年轻的帅哥在城里陪你到处闲逛，你和他什么关系？

这个男人叫作詹姆斯或者"吉米"，年近三十，有教养、心思缜密，家族以制造卡车发家致富，家住英格兰北部乡村。他后来成了汉森勋爵。在外表上他像当时英国最著名的电影明星迈克尔·威尔丁，穿着得体，长着一张典型的英国长脸，性格温和，笑容亲切。他的背景让人放心，战争时期在爆破团担任长官，喜爱野外运动，经常光顾夜总会，喜欢追求摄影师拍过写真的女演员。有人曾拍到他追求简·西蒙斯，他不得不一度否认他与简订婚。奥黛丽在西罗跳舞结束后的一次聚会上见到汉森。汉森托拉斯公司的大富豪老板的前任同伴说："吉米·汉森是一位头脑冷静的商人，那时娱乐业对他有很大的吸引力。他的家人认为他应该结婚、安定下来，组建一个家庭，把运输事业扩大到北美。吉米还是晚了一步。他见到奥黛丽后才觉得想要成家。"

如果他们能在她与英国联合影业公司签订合同之前遇到的话，奥黛丽·赫本的人生轨迹很可能完全不同。她会成为汉森太太辅佐在金融业或者政治上想要有所作为的丈夫。她会做慈善事业，日报的八卦杂志会偶尔提到她。她会过着繁忙的生活，在乡村别墅住一段时间，在伦敦的贝尔格莱维亚区或者纽约的上东区住一段时间，可能在法国南部或者美国新英格兰地区还有一套豪宅。奥黛丽会是她丈夫的装饰品，汉森走到哪里都带着她。她会有很多孩子。事业出现危机时她会支持丈夫，如果丈夫出现花边新闻，她会坚定地支持丈夫并且原谅他。

但是这些都不是奥黛丽的命运。奥黛丽或者吉米·汉森当时都不明白，他们的故事即将过去。一个国际巨星即将成为奥黛丽的追求者，没人可以和他抗衡。

奥黛丽和吉米·汉森。

“这就是我的琪琪！”

1951 年 5 月 31 日，即完成《双姝艳》拍摄工作的第二天，奥黛丽在母亲的陪同下动身前往法国南部，在那里她将拍摄一部新片《蒙特卡洛宝贝》。她们在巴黎停驻，查看奥黛丽在剧中出演角色时身穿的一套迪奥牌服装。

根据一个流传已久的说法：法国小说家科莱特在她作为雷尼尔王子的贵宾旅居巴黎酒店时第一次发现正在那里拍片的奥黛丽，并立即选她出演自己小说《金粉世界》中的早熟小萝莉。事实上，奥黛丽早已吸引了这位外表虚弱、性格专横、目光犀利的老太太；科莱特那时已年逾古稀，因为半身残废，身陷轮椅。当她的丈夫莫里斯・古德凯推着她到海滩散步时，科莱特看见了一个身材瘦弱、身穿黑色连体泳衣的女孩，这泳衣更突出了她中性化的平板身材。她正享受着海边清新的空气，看起来有些傲慢，却又非常纯真。“这就是我的琪琪！”科莱特对古

《双姝艳》1952 年，奥黛丽饰演一名芭蕾舞者。

德凯说道。“哦，是的。”他回答说，话语中却有些不耐烦。

近几个月以来，夫妻俩已经在公园、林荫大道以及百货商店里发现好几个琪琪了。自从美国作家安尼塔·卢斯将这部小说改编成舞台剧，科莱特便情不自禁地成了“琪琪星探”。她在任何地方都能够见到这种女孩——她们心地纯真善良，能够战胜所有贪婪的欲望，尽管早年红极一时的交际花祖母和姨母曾教导她们如何钓上当时抢手的年轻百万富翁。问题是，科莱特找到的琪琪中没有一个是专业演员。科莱特不无讽刺地回忆说，演艺圈拒绝为这一交际花角色提供理想的候选人，真是十分奇怪。

买下改编权的纽约导演吉尔伯特·米勒着急上演该剧，并扬言如果科莱特无法敲定人选，他就要执行备选条款，即：自己指定人选。

那天晚些时候，科莱特和丈夫正要进入巴黎酒店的大餐厅，却发现一个电影剧组准备在那里拍摄一个场景，因此餐厅大门暂时关闭，晚餐改在早餐大厅供应。自己往常的惯例被打乱，这让科莱特非常不满，她执意要向管理部门投诉，并莽撞地将轮椅转进一个房间——却只看到一束刺眼的灯光。明亮的光线更加凸显了这座酒店巴洛克式的奢华，与在此拍摄的花哨俗气的小喜剧之间形成鲜明对比。简直让人无法忍受！她边想边将目光避开灯光，但是，瞧！那正是她见过的“她的琪琪”。

奥黛丽通过眼角余光看见轮椅转进房间，这也暂时分散了她的注意力。场上的她一时忘了对话的台词。“停！”吉恩·博耶喊道。之后，奥黛丽的目光也转向这位闯入片场的不速之客。几分钟之后，博耶开始在这位瘦小、驼背、有强大好奇心的女人面前闲聊起自己的电影。她那涂着胭脂的脸颊和红色的头发让她看起来好像杜米艾讽刺漫画中的暴虐贵族。然而科莱特却无视博耶，她紧紧地盯着奥黛丽。杰出的法国性格演员马塞尔·达里奥与科莱特是老相识，马塞尔把科莱特介绍给奥黛丽后不久，两人就开始用法语讲起悄悄话来。

内心充满渴望、兴高采烈的科莱特最终踏上了归程。就像一位艺术品收藏者在美术馆里看到一幅自己非要不可的绘画（尤其是当其他人为自己买单时）一样，科莱特心中明白，她必须得到这个琪琪。

接下来，奥黛丽的母亲到访巴黎酒店，并在大厅中经人介绍与科莱特相识。随后，双方安排了一场会谈，科莱特发给奥黛丽一封邀请函，仿佛一道皇宫诏令，要她出演琪琪一角。奥黛丽本能的反应是：“我演不了。我之前从来没有演过。我是跳舞的，我从来没在舞台上说过一句话。”演戏？这是可以学的，母亲安慰奥黛丽说。科莱特笔下以自己为原型的主人公就受到更加机敏的教导，比如这条建议：“耐心等待一流的珠宝：坚守你的理想。”

此时远在纽约的吉尔伯特·米勒和安尼塔·卢斯接到电报，禁止他们挑选琪琪的扮演者，等待科莱特的提名信。科莱特将举荐唯一的候选人：一个他们从未听过并且毫无拍摄重大影片的经验的女孩。信上解释说奥黛丽将在7月初抵达伦敦，没有其他片约在身，并且十分渴望出演这部百老汇舞台剧。这似乎有些言过其实。当时奥黛丽仍然为这样一个超出自己天分的工作感到畏惧。此外，她一心想要尽快嫁给吉米·汉森。但是决定权在英国联合影业公司手上，她与他们签订了合约，在此后的3年之中，奥黛丽有义务为该公司拍摄影片，并且同意任何舞台表演。如果该公司有适合奥黛丽的角色，她很可能就要在埃尔斯特舞台上出演，而不可能出现在百老汇舞台上。收到科莱特的邀约奥黛丽本该感到欢欣雀跃，但奇怪的是她却感到很困惑和沮丧，觉得决定自己人生之路的权利被人夺走。

在这种心情下的奥黛丽向年长的男士寻求建议，此后奥黛丽也经常这样做。他就是像父亲一样的51岁的马塞尔·达里奥，她向这位头脑敏捷、令人敬重的叔叔寻求安慰，向他咨询婚姻和人生。也许达里奥的建议并没有为奥黛丽指明方向，却给了她信心："跟随你的直觉，"这位"知心大叔"记得当时随口对她说，"如果感觉是对的，那么它就是对的。"这的确没有多大用处，因为如果奥黛丽随性取消合同，定会遭到控诉。但是这句话却进入了奥黛丽的意识，而且据各种记载来看，这句话永远留在了奥黛丽的心里。在那之后的年月里，每当采访者的提问稍微涉及隐私，奥黛丽就会说出这句"哲理"，听起来很有智慧，同时又有一丝巧妙的模棱两可，并且这句话还有一个妙处：她渐渐相信起这句话。

然而，当她从法国回来，踏入吉尔伯特·米勒在萨伏伊酒店的套房时，奥黛丽还没有做出决定。在这期间她的经纪人十分的忙碌。不管奥黛丽如何犹豫，对于经纪人来说，自己的客户能在百老汇舞台剧中出演主角就像是从他人的投资中提取利润一样。这样的事情在童话中可能会时常发生，但在戏剧演员经纪人的工作经历中可不多见。奥黛丽被安排去参加一次十分重要的采访，从她的服装来看她似乎已经在为琪琪这一角色彩排了。她穿着一件男式衬衣，偏大几号的衣服更凸显了她的瘦削身材，白色的波比袜展示了她校园女孩般的长腿，平跟鞋让她的身高降到最低。奥黛丽已经 23 岁，但这身打扮让她看起来就像充满男孩气的 13 岁女生。

尽管吉尔伯特・米勒决心像头脑冷静的商人一样对科莱特提名的候选人进行评估，却也被奥黛丽深深地吸引了。他见多识广，艺术造诣颇深，从他的纽约公寓墙上的艺术品以及他在舞台上所创造的艺术可见一斑，而奥黛丽就像是一件艺术品，吉尔伯特・米勒完全可以一眼鉴定出"品质"。他立即陪同奥黛丽走过长廊，来到安尼塔・卢斯的套房。这位作家正在等待他们，一起等的还有女演员宝莲・高黛（即查尔斯・卓别林的前妻）。

一周前这两位女士就已经到达伦敦，米勒的私人司机格林在维多利亚车站迎接她们。米勒对格林的信赖甚至让人觉得有些不可思议。司机立即递给她们一大包满是照片的文件，说："卢斯女士，这就是出演琪琪的明星。""这么说，米勒先生已经签好演员了？"安尼塔・卢斯问道，语气中透露出一丝不满。"没有，"格林严肃但又十分得意地回答道，"还没有。他就是不听我的。"他说尽管自己并没有资格说同意，但他十分看好照片中的女孩。在前往萨伏伊酒店的路上，她们翻看了所有照片。安尼塔之后评价说：奥黛丽・赫本"拥有女性所有重要的特质。"随后，宝莲・高黛说道，"这个女孩一定出过什么严重的事情，否则她在十岁的时候就该名声大噪了。"

这两位精明的女人识人无数，不管是共事过的、嘲讽过的或有过短暂婚约的人，早已看过不少天赋异禀的人。现在她们仔细地审视着这个女孩，立刻打动她们的是奥黛丽的"新鲜"。"在她的周围仿佛有一道光线，"安尼塔・卢斯说道，"只有孩子们才会给人这种感觉。不管她做什么，她都那么引人注目。"

吉尔伯特陪同奥黛丽走到门口。随后，他叹了一口气，好像是为目不识珠而难为情，同时又因别人道破天机而心怀感激，他说："我早就该听格林

随之而来的是一项考验，准确地说，是两项。首先，奥黛丽要朗读琪琪在

《金粉世界》剧照，奥黛丽饰演“琪琪”。

戏中感情最为强烈的一段台词。在这个场景中，琪琪坚决反对嫁给替她选好的身价百万的如意郎君。奥黛丽表现得不太好，台词念得结结巴巴，没有戏中人物的感情。事后想想，她可能因出演琪琪进一步远离自己的心上人，不得不推迟与焦急的追求者吉米・汉森的婚约而感到烦恼。当她在伦敦剧院大礼堂内的音响效果下试音的时候，她表现得略微好些。凯思琳・奈斯比特那时已经确定饰演琪琪那患强硬性脊椎炎的祖母，她在后排试听了奥黛丽微弱而紧张的声音。她几乎听不到奥黛丽在说些什么。奥黛丽并没有接受过类似戏剧学校的发声课程训练，很明显，奥黛丽还需要接受大量的指导。这种情形似乎显得有点不真实。尽管奥黛丽即将成为一颗蓄势待发的新星，不管之后的回报会是什么，眼前奥黛丽将背负十分艰巨的重任。

凯思琳・奈斯比特一到纽约，就担负起了指导当时神经紧绷的奥黛丽这一任务。这一下让吉尔伯特十分放心，他开始正式与英国联合影业公司洽谈租借奥黛丽出演“琪琪”一角的事情。电影公司认为其他人担风险，而自己坐收渔利的事情很值得考虑。但是突然之间，事情变得复杂起来。

如果培养明星并非英国联合影业公司节俭的管理者的天赋，那么派拉蒙电影公司在好莱坞的制片厂每天都要培养新星。一个星期以后，1951 年 7 月，尽管奥黛丽唯一出演过的重要角色就是《天堂笑语》中的一个小角色，并且这部影片还未公映，她却收到了来自派拉蒙的片约。奥黛丽还没有登上百老汇的舞台，就被派拉蒙公司预定为《罗马假日》的演员。难怪奥黛丽感到自己忙得快要透不过气来。

导演威廉・惠勒已经在欧洲实地考察，挑选女主角。纽约方面发电报给派拉蒙制片公司在伦敦的负责人理查德・米兰德：“法国演员科莱特・里佩特能担当此任吗？”显然他们是获得了惠勒的授意。“我另有《罗马假日》女主角的人选，”9 月 7 日，米兰德这样回复纽约，“我被她在《天堂笑语》中饰演的一个小角色深深打动了。”纽约方面发出请求：“请航空邮寄报告和照片……”回

《罗马假日》，赫本在剧中的短发，成为经典时尚。

想起来，奥黛丽·赫本简直是这个角色的不二人选，但是想想被选中的幸运和险些错失一生的机遇，对她也是很有益处的。

派拉蒙准确地预测到《罗马假日》必将大卖，于是决定让惠勒接手，前往罗马考察取景。然而，他遇到了和卡普拉一样的难题——公主角色的人选问题。除非演员完全适合，否则这个故事没法拍。“我想要一个没有美国口音的女孩，”惠勒回忆说，“一个让人相信她从小就是接受宫廷教育，成长为一位公主的女孩。”他认为在出生于英国的伊丽莎白·泰勒的身上找到了这种气质。在她的新片《郎心似铁》中，她展现了一个完美精致、温柔脆弱的美人。惠勒认为由她出演将是完美的安排。为拍摄这部影片，派拉蒙公司向米高梅电影公司租借伊丽莎白，但是米高梅公司不会同意再次让他们的明星为派拉蒙公司大赚一笔。惠勒不得不忘记伊丽莎白·泰勒。

理查德·米兰德提交的关于奥黛丽的报告看起来很有希望。“她22岁，身高近1.7米，深褐色的头发……身材有些偏瘦……却十分吸引人。她的能力毋庸置疑，舞跳得很好。嗓音清晰，充满朝气，口音不重。她看起来更像欧洲大陆人士，而非英国人。”

回信是这样写的：“制片厂对于赫本十分感兴趣。期待她在银幕上的表现。”紧接着，又一封电报接踵而至：“问赫本是否可以将其姓氏改掉，以免与凯瑟琳·赫本混淆。”

此类请求在当时的好莱坞并不少见，换作他人可能会立即答应。但是奥黛丽从一开始就表现出了自己的勇气：“如果你们想要让我出演，你们就得接受我的名字。”她回答道。

同时，奥黛丽也作为科莱特在百老汇舞台剧中的主角候选人等待最后的消息。不论收到哪一个出演邀请——琪琪或者安妮公主，这都会让一个新人相信上天的眷顾。而两个角色突然之间都给了她也意味着上天无疑是从头到脚地爱上了奥黛丽·赫本。

尽管派拉蒙公司对奥黛丽十分感兴趣，但是在看到试镜前他们是不会做出决定的。一份从伦敦转往纽约的办事处内部备忘录这样写道：“试片定于1951年9月18日，地点：松林制片厂。由梭罗德·狄金森执导。其他演员包括莱昂内尔·莫顿和凯思琳·奈斯比特。试演《罗马假日》中的两个场景，还有一段采访。”从这份言辞平淡的备忘信息可以看出奥黛丽受到了怎样的重重保护。梭罗德·狄金森刚刚与奥黛丽一同完成《天堂笑语》的拍摄，他十分

《罗马假日》定妆照。

喜欢奥黛丽，而奥黛丽也对他充满信心。加拿大演员莱昂内尔·莫顿自从拍摄《蒙特卡洛宝贝》时就与奥黛丽成了朋友。凯思琳·奈斯比特已经被确定为《金粉世界》的演员并且担当了奥黛丽的教练的任务，我们不难相信她也同样在《罗马假日》的试演中指导了奥黛丽。种种迹象表明，米兰德已经批准这些人对奥黛丽进行测试。惠勒本人当时并不在场，他仍然身在罗马。但是他很清楚这样的测试很不可信。他们可能美化女演员，也有可能因为她的紧张而无法给予准确评价。备忘录中没有提到的是惠勒与狄金森派拉蒙电影制作公司的代表保罗·斯坦间达成的秘密协定。他们决定在场景拍摄结束后，在不告诉奥黛丽的情况下继续摄像，这样就可以看看她在停止有意识的表演后流露出的真实个性。

这段试镜现在还保存着。与米兰德的描述截然相反，试片中的奥黛丽并不像他所描述的那么高挑瘦削，也许是因为最近她在蔚蓝海岸酒店拍片时享用了太多法国美食，她显得胖胖的，这让人十分惊讶。奥黛丽从美国新闻记者的床上（平时没人睡）醒过来，像猫一样开心地伸了个懒腰，向普通人的美好世界张开双臂，带着新来者的纯真和新鲜感，她和新闻记者（莱昂内尔·莫顿）聊起来，然后以芭蕾训练带来的从容和优雅走到门前，在打开门的那一刹那转过身来，像调皮的精灵一样眨了眨眼睛。

"可以了，"保罗·斯坦说。奥黛丽稍稍犹豫了一下，全神贯注地看着摄像机，随后她的脸上露出一抹笑容，因为她猜到了他们的小诡计。她也还治其身："只有一个人才有资格说'停'，"她说，显然她指的是梭罗德·狄金森，"只有听到他叫停了我才会动。"摄影机继续拍摄，突然间她大笑起来，而且笑弯了腰。这一反应毫不做作，极具吸引力。"真是棒极了，"惠勒在罗马观看试片时这样说。纽约方面也同样赞赏。"恭喜！赫本的试片好极了，"电报这样写道，"这里的所有人都认为她很棒。"

几天后，纽约方面正式来函。在"奥黛丽·赫本"几个字下面用红笔加上下划线，并写道："这位女士当选，绝对是好莱坞、伦敦以及纽约所做过的所有试片中最佳试片之一……衷心祝贺……谨代表巴尼、弗兰克和唐。"巴尼·巴拉班、弗兰克·弗里曼和唐·哈特曼是派拉蒙电影公司的三大负责人，这也是最具权威的祝福了。只有一个人并没有感到欢欣鼓舞。派拉蒙公司档案中仍然存有一份写给理查德·米兰德的个人便条，上面是奥黛丽·赫本用她那学生般的圆体字写着："上天助我，不负众望。"她这样结尾道。

理清奥黛丽在出演舞台剧《金粉世界》和电影《罗马假日》中所承担的义务一定让精明耐心、敏于牟利的吉尔伯特和派拉蒙公司大伤脑筋。迫在眉睫的舞台剧《金粉世界》让奥黛丽更加烦心，因为现在她将承担更大的风险。如果她在舞台剧中大获全胜，那么一切好说。由于她还没有和吉尔伯特签订合同，一旦威廉·惠勒在罗马完成影片的前期制作，并在明年夏天开始拍摄，派拉蒙公司就有权让导演放走正在拍摄舞台剧的奥黛丽。为了弥补米勒，奥黛丽不得不答应一完成《罗马假日》的拍摄就随《金粉世界》团队到美国巡演。可是，想想假若《金粉世界》在百老汇舞台上一败涂地呢？那么奥黛丽就会黯然失色地开始拍摄一部重要电影。她身上背负的责任对于这样一个心地正直、初出茅庐的年轻女孩是无法承受的重担。

吉米·汉森也闷闷不乐地参加了这一系列的谈判。他一定十分清楚，现在奥黛丽下一年的时间已经被工作牢牢套住，因此他们的婚事不得不搁置下来。不过，他们还是对彼此之间的真情信誓旦旦，相信深厚的感情完全可以克服困难和挑战。除此之外，当奥黛丽在排演《金粉世界》的时候，汉森也会出于家族生意的考虑前往北美。奥黛丽乘坐一艘慢船驶向纽约，这样她就有足够的时间来熟悉自己的角色。

船只即将抵达曼哈顿的那个清晨，奥黛丽早早地起床，走出船舱，想欣赏一下纽约著名的天际线。那么多美梦已经成真，或许实现不了这样一个浪漫的冲动也是在所难免。“凌晨 3 点，我们到了。伸手不见五指，”她回忆说，“我穿着睡衣站在舷窗前，冻得浑身发抖，却什么风景都看不见。”

Audrey Hepburn

在“奥黛丽 · 赫本”几个字下面用红笔加上下划线，并写道：“这位女士当选，绝对是好莱坞、伦敦以及纽约所做过的所有试片中最佳试片之一……衷心祝贺……

《罗马假日》,"安妮公主"优雅动人的一幕。

公主殿下

吉尔伯特·米勒看到抵达纽约的奥黛丽时，他立刻意识到在奥黛丽的身上还有一个未曾料到的问题：她的体重。他与奥黛丽在伦敦告别时，她看起来仍是一个稚气未脱的笨拙小姑娘。签下奥黛丽之后，派拉蒙就开始让她节食减肥。但在开往美国的慢船上，奥黛丽每一餐都敞开胃口大吃特吃，并且在两餐之间还随心所欲地吃零食：她的这种行为是可以理解的，因为接下来的大约六周时间等待她的将是担忧、责任、繁重的工作，还有孤独。米勒立即让奥黛丽开始节食，并给负责奥黛丽饮食的丁提·莫尔餐厅领班和主厨严格规定，只允许为奥黛丽提供鞑靼牛排和蔬菜沙拉。

奥黛丽还得参加唱歌课程，训练发声。虽然她已经演绎得很完美了，现在依然一心投入到对话练习中。“头几天彩排的时候，前几排的人都听不到我的声音，”她说，“我日夜训练。每天晚上回到家中，我都要训练自己，清晰地大声说出每一个字。”她做到了。“即便在最后一排也能听到我的声音，”连凯思琳都认可了她的努力。但吉尔伯特·米勒却要力求完美。奥黛丽仍然有些缺乏自信，这可能是由于她对自己要求过高所造成的。跟在埃夫登后面学习的那段时间，她学会了掩饰自己认为的那些缺点。奥黛丽的下颌轮廓棱角过于分明，正面看时脸型过于方正。埃夫登向她展示了如何在镜头面前掩饰这些缺点。头微微扬起，用高颧骨来拉长她的下巴，这样的半侧面姿势成了奥黛丽拍照时的经典姿势。不可思议的是奥黛丽与埃夫登学习的这段经历与她 5 年后拍摄的《甜姐儿》剧情十分相像。剧中弗雷德·阿斯泰尔饰演一个名叫理查德·艾弗里的时尚摄影师(显然是以理查德·埃夫登为原型人物)，他打消了沉默寡言的奥黛丽对自己“滑稽脸型”的顾虑。当然，不管缺点是真实的还是想象的，这个女孩都能够对自身存在的缺点进行自我修正。后来，另一位经常为奥黛丽拍照的摄影师菲利普·哈尔斯曼说:“她的脸从每个角度看都不同，表情瞬息万变，总让你担心动作太慢会错过最好的拍摄时机。她总能在镜头面前将自己的缺陷很好地掩藏起来。”

请法国导演雷蒙·胡勒执导《金粉世界》是为了确保在纽约拍摄的影片依然具有法国情调，但他对奥黛丽却不怎么满意。奥黛丽有着琪琪的活力，这一点毫无疑问。但她对台词的理解飘忽不定，节奏把握过快，还经常吐词不清，并且说台词时更像是在背诵，毫无感情色彩。排练时经常出错的那段台词也让她自己困扰不已，在这段台词中琪琪拒绝了祖母和姑姑为她选定的结婚对象加斯顿的求婚。而现在戏外的生活中，只要詹姆斯·汉森人在纽约，两人就经常见面，但她始终不愿意确定订婚日期，更不用说结婚日期了。“我想结婚，”她声称，“我觉得不和詹姆斯结婚是在浪费大好时光。”但她总是推辞没有时间来打理这件事情。也许，像琪琪一样，她发现在未好好享受生活之前，婚姻并非头等要事。

临近首演，从《金粉世界》的海报上可以看出奥黛丽还是十分紧张，忧虑和失眠让她的眼袋十分明显。还好首演之后费城评论圈对《金粉世界》的反响很不错。评论家们打心眼儿里喜欢奥黛丽，他们欣喜地评论说奥黛丽的缺乏经

1953 年，《罗马假日》剧照。

验恰好体现了琪琪显而易见的脆弱，让评论家和观众都有种想要保护她的冲动。《君子杂志》的评论给我们描绘了奥黛丽的表演实况，认为奥黛丽就像兴奋地投篮的孩子一样："她叫喊着，摔门，敏捷地在家具中间跑来跑去。在混乱中她竟能保持步履稳健，没有碰倒一个灯柱。如果她去参加体育比赛，那足以让田径运动会相形见绌。"这个作者发现奥黛丽在台下"看起来很健康……表情丰富，大步流星。她像一个一直喝牛奶吃蔬菜、从未独自过马路的孩子。"这个"孩子"当时已经 23 岁，她身上洋溢的青春活力让人忽略了她的真实年龄。用理查德·瓦茨的话来说"她就像刚洗完澡的小狗那样清新活泼"。只有从奥黛丽在《金粉世界》宣传海报中的严肃表情可以看出她所承受的担忧，处在事业的这一阶段，即使有些时候她可能表现得过头了，但她需要鼓舞来达到事业的顶峰。剧院门口的霓虹灯广告牌本来是这样写的：

《金粉世界》

主演

奥黛丽·赫本

首演之后改成：

奥黛丽·赫本

主演

《金粉世界》

1952 年 4 月成功巡演之后，《金粉世界》的演出即将告一段落。

即使在成功时刻，奥黛丽也不会忘记礼数。她在给派拉蒙公司伦敦办事处的选角人理查德·米兰德的信中写道："我的双腿在颤抖，但不是因为害怕，而是因为幸福。"电影《双姝艳》的制片人西德尼·科尔在首演之夜送了一束花给奥黛丽。（科尔很少对电影明星流露出浪漫情怀，但他总是说奥黛丽有着"白玫瑰似的恬静"。）在她谦逊真诚的感谢信上，奥黛丽又在签名后面加上括号，里面署名"诺拉"，生怕他因《双姝艳》里群星璀璨而忘记自己的名字。

释放出积累的情感之后，随之而来的是不可避免的失望，突然成名的新鲜感很快消退。"我之前认为看到自己的名字闪耀在霓虹灯广告牌中是一件令人兴奋、有意思的事情。但这和在合唱团里做佼佼者不是一码事。合唱团里的其他成员能够帮助你取得成功，但如果你是领衔主演的话，一切就不那么逍遥自在了。你会觉得你要挑起大梁。关于明星还有另一个说法：你永远不能感到疲倦，永远不能。我想也许成为'百老汇的大红人'意味着你要一直参加各种宴会。还有当你去餐厅时，即使餐厅客人爆满，你只需要对领班微微一笑就能找到空位。"想到詹姆斯·汉森曾经大费周章为约会预订餐厅，她又意味深长地补充道："但吉米做事从来不冒风险——他会提前预订。"

剧中"安妮公主"的逃亡，让她在罗马遇上了真爱；现实中的奥黛丽从此拥有了一位终生的挚友——格里高利·派克。

要想弄明白为何奥黛丽与詹姆斯·汉森的爱情最后只剩怀旧的记忆，需要考虑到奥黛丽根深蒂固的浪漫情结。《金粉世界》上映几天后，记者们发现奥黛丽化妆室里放着詹姆斯·汉森照片的银相框不见了。奥黛丽给出的解释并不令人信服："太多人问我他是谁……我的生活是我自己的事。我怎样才能对这些问题一笑了之同时而又不显无礼呢？"似乎他们的爱情已经过了保鲜期。然而……

《罗马假日》中，奥黛丽白色衬衫的造型开创了女性“中性”着装的时尚风潮。

1951 年 12 月 4 日，伦敦《泰晤士报》的报道姗姗来迟："约克郡哈德斯菲尔德诺伍德庄园罗伯特·汉森夫妇之子詹姆斯与伦敦南奥德利街 65 号艾拉·凡·赫姆斯特拉女男爵之女奥黛丽·赫本订婚。"总之，这则迟到的订婚消息很有可能是在奥黛丽母亲的劝说下促成的。当然詹姆斯·汉森不会反对将他们订婚的消息公之于众。

奥黛丽没有放弃芭蕾舞，在曼哈顿舞蹈学院上形体课。但现在派拉蒙电影公司对她要求更加严格，派拉蒙正在做《罗马假日》的拍摄准备工作，对这个重要演员严加保护，好像她是真正的公主一样。奥黛丽也认真执行派拉蒙从加利福尼亚寄过来的饮食和美容方面的指示，并受到派拉蒙驻纽约办事处行政人员的监督。她现在严格控制饮食，她的成功至少让她做到了这一点。平胸，细腰（很多年都没有超过 20 英寸），窄小的臀部，像电池一样支撑她的强壮大腿，长而灵活的小腿，赫本身材就在这时候形成并伴其一生。

早在《金粉世界》巡演的时候，奥黛丽就已经和好莱坞首席服装设计师伊迪斯·海德碰面商讨安妮公主的服装。几件正式服装已经敲定：一件是影片开头安妮公主对限定的协议感到恼火但又不得不顺从地听命于年老朝臣并与其跳开场舞时穿的华丽礼服；还有一件是在新闻发布会上公主穿的"官方"服装，那时她与记者派克之间的眼神交流表明了两人在爱与责任、皇室与平民之间的鸿沟，在《罗马假日》的结尾处，失落与幸福之间的张力令人动容。

那个时期欧洲皇室的日常装扮——厚重锦缎，皇家腰带，饰有缎带的徽章，皇冠头饰和白手套——与奥黛丽年轻单纯的气质形成了鲜明对比。年轻的公主脱下高跟鞋来放松疲劳的脚部，但之后不得不在长裙摆下摸索试图找回自己的鞋子——这里巧妙套用了"灰姑娘"情节。公主的反应充满戏剧性，却又在情理之中，这种王室装扮是对公主的完美烘托，奥黛丽接受了这种华丽服饰，认为这是角色的一部分，但她告诉伊迪斯·海德说怕穿上后不舒服。"就是要那种效果，亲爱的。"设计师回答道，她被奥黛丽的单纯逗乐了。

奥黛丽的日常服装并不时髦。她最喜欢穿男式衬衫，把长长的前襟系在腰间打成结。“衬衫太舒服了，”她对之前采访自己的一个好莱坞记者说道，“只要洗洗熨一下就可以了。”“你自己洗？”这个记者显然不太熟悉自己洗衣服的明星。“我自己洗。”

安妮公主出逃时，伊迪斯・海德给她设计了一个休闲形象：当时美国校园随处可见的喇叭裙，平底鞋，在长袜外面穿上白色波比袜——这也是美国年轻人的典型装扮。公主的“便服”装扮是一种混搭风格，其简洁不仅符合奥黛丽和她饰演的角色的风格，同时还打造了一个全世界的女孩们用零花钱就可以模仿的时尚潮流。奥黛丽建议将她细腰上的宽皮带系得更紧一点：这种打扮能使人们想起迪士尼动画，这样便能给她一个童话般的光环。独特而难以模仿的身材、表情以及个性特征造就了奥黛丽的明星范儿。伊迪斯・海德设计了安妮公主的风格，但奥黛丽用自己的天分将其传神地演绎出来。

《金粉世界》舞台剧巡演结束后，奥黛丽就立刻开始电影的拍摄工作，根本没有休息的时间——最后一场演出谢幕之后，她在酒店休息了几个小时，然后就立即乘坐环球航空公司的航班飞往罗马。刚到罗马，她就参加了机场的一个记者招待会，这让她明白了眼前即将面临的工作的紧张程度，也第一次见识了媒体是多么无孔不入（与罗马如狼似虎的记者们相比，百老汇的记者算得上是绅士了）。她 23 岁，是吗？（是的。）为什么她还没有结婚？（她本来准备结婚的。）詹姆斯先生和她准备什么时候结婚，在电影开拍之前还是之后？（之后，她已经告诉他了。）为什么他们要等这么长时间？（无可奉告。）难道他们不够相爱吗？（无可奉告。）

当天晚上奥黛丽就遇到了影片男主演格里高利・派克。像她一样，他也不是威廉・惠勒的首选。本来惠勒想要加里・格兰特饰演男主角，但遭到拒绝。他之所以拒绝拍摄《罗马假日》，是因为他觉得这部电影的焦点是在女主角身上。

那个燥热夏季的罗马“西班牙广场”前，公主与平民的相遇，浪漫、伤感、永恒。

派克的率性沉稳，奥黛丽的俏皮可爱。

格里高利·派克当时已经36岁了。自1945年拍摄《爱德华大夫》以来，他那6英尺的身高以及直率的性格散发出了道德和身体上的力量。他饰演的所有角色都给人一种正直可靠的感觉。他在同行演员中很受欢迎，对待新人也很有雅量，简直好得令人不敢相信。奥黛丽再也找不到比他更好的“教父”了。

同加里·格兰特一样，一开始派克也因为同样的原因不愿意出演记者这

奥黛丽饰演的角色坚守了自己的誓言，而没有放弃。

一角色。威廉·惠勒说了一句貌似责备实则恭维的话："我认为你没有必要考虑这个角色的戏份，"这巧妙地打消了他的顾虑。派克也意识到了这是一个好剧本，而当他在怡东酒店举办的派对上见到奥黛丽时，立刻赏识到她的才华。他的大手握起她的小手，从她温柔的握手中感觉到了她的羞怯，于是幽默地借用了戏中的台词说："公主殿下。"她回答说："希望我没有让你失望。"

这部电影将在罗马完成全部拍摄工作。当时，即使是在好莱坞电影中外景拍摄也并不常见，光是这种稀有程度就足以大书特书了。但惠勒没有想到罗马在夏季变成了一座炼狱。而且 1952 年夏天又是罗马史上最炎热的夏季之一，潮湿的气候让这座城市变成了桑拿房。当时正值旅游旺季，在街上目睹电影拍摄的兴奋人群让拍摄工作不得不时断时续，这尤其让派克苦不堪言，因为他是这个剧组唯一一个有着较高知名度的演员。罗马市民和游客紧紧围住每一个旅游景点，拍摄工作不得不经常暂停，因为影片中表现的场景应该是记者和公主悠闲自得地徜徉在这些景点之中。

剧本巧妙地处理了公主对生活乐趣的发现之旅。奥黛丽的经验不足恰好让人感觉她自己也是第一次尝试这些事情。皇室公主溜进城里却没被人认出的新奇感，一直生活在庇护之下的小女孩突然可以随意走动的自由感，走在大街上舔着冰激凌蛋筒的快活叛逆，以及最令人开心的——在理发店里将原本要佩戴皇冠的长发剪去，剪成了一个逍遥自在的假小子短发的这种恶作剧的乐趣等等，所有的感情都被奥黛丽很好地表现出来了。

奥黛丽饰演的出逃公主游荡在大街上，摇摆着身体，品味世人的简单乐趣，人们意识到这也是这个演员的初次出游。不管是她本人还是她饰演的安妮公主都不可能再次体会到这种单纯的快乐了。演员与角色完全合二为一。安妮公主的经历十分简单，但由于她的特殊身份，她的最小举动和最简单的快乐都让人充满兴趣。实际上影片中由埃迪·艾伯特饰演的派克的摄影搭档偷偷地为安妮公主抢拍了很多照片，这为原本最平常的事情制造了悬念。

电影的拍摄工作取决于现场的实际情况，天气、白天或夜晚、周遭的噪音等，所有这些因素在任何地方都难以控制，在罗马更是没有控制的可能。拍摄《罗马假日》对每个人来说都不是件乐事。这个城市似乎要考验电影制作者对各种破坏因子的忍耐力。为了拍摄的需要，他们要封锁街道，改变通行道路，围起公共纪念碑，这让游客大为恼火，而做到这一切还得贿赂每一个“所谓”的权威——能给出的贿赂的金额数也一天天地在减少。由于安排这一切十分麻烦，惠勒对每个场景只能限摄几次。对奥黛丽来说，这简直是天赐良机。众所周知，惠勒对工作要求非常高，经常要求演员再三重复拍摄同一个场景。如果《罗马假日》是在摄影棚中拍摄，他过高的要求肯定会让演员大伤士气，像奥黛丽这样演员的表演效果也会大打折扣，因为奥黛丽只有头几次拍摄的效果是最好的。事实上，惠勒必须得不断抓拍他认为奥黛丽最适合的镜头。

还有一些偶然因素促成了这部电影的新鲜感，但奥黛丽·赫本无疑是最大的功臣。这一次奥黛丽吸取了拍摄《双姝艳》时的经验教训，保存体力，几乎不与人说话，午餐时只喝一杯香槟，之后就一个人躲起来酝酿下一个镜头需要的真实情感，并努力让自己忘记这是在表演，她一直相信镜头能够捕捉到"真实"。事实也的确如此。她和派克一起骑踏板车的那几分钟的镜头，实际上花了 6 天的时间来拍摄，但影片中并没有显示出在拍摄时遇到的任何干扰。一切都那么轻松、自然、快乐、感人。人们会对奥黛丽产生一种保护欲，就像希望孩子能够在出游时享受自由自在的乐趣一样。

《罗马假日》的结局也是它大获成功的一个秘密。由于公主对外面世界知之甚少——也由于奥黛丽如此令人信服地表现出了这一点——这部电影给人的最大感觉是解放。然而，自我奉献才是电影结尾表达的关键点。尽管未能终成眷属的爱情保留了故事的逻辑性和纯洁性，在这个故事里，责任最终战胜了内心的呼唤。这部影片的结尾实则表达了当时好莱坞电影中少有的超然的孤独之感——今天的电影中就完全没有这种情感。死亡并不能分开两个相爱的人，例如《罗密欧与朱丽叶》，但责任可以。公主退到宫殿城墙之后，她只在记者招待会上与自己的情人见过一面，此时，礼仪比牢房栅栏更为坚固，远远地将两人分隔开来。最后，记者独自穿过大理石厅，走上街头回到自己的生活之中。回首望去，有人认为这部电影是《修女传》的倒叙版。奥黛丽饰演的角色坚守了自己的誓言，而没有放弃——她独自一人封住了故事中的魔咒。

“我何其有幸可以与奥黛丽合作，并为她打点所有的穿着服饰。她是如此的独特，无人能出其右。”——纪

生命中的男人们

《罗马假日》原定于1952年9月杀青，奥黛丽和她的未婚夫最终把婚期定在1952年的9月30日。200名宾客受邀至教区教堂参加婚礼，这可是哈德斯菲尔德的年度大事，莎朗·道格拉斯（当时美国大使李维斯·道格拉斯的女儿）也同意做伴娘。就在各种礼物已经陆续抵达时，婚礼却因《罗马假日》拍摄延期而突然取消。在那个本应是他大喜之日的早上，汉森守在伦敦的诺里霍兹机场，等候着未婚妻从罗马归来，奥黛丽飞回纽约工作之前他们只有4个小时的共处时间。奥黛丽带着她在罗马定制的婚纱。她还没来得及试穿，看看成为詹姆斯·汉森太太的新娘到底是个什么样子，吉尔伯特·米勒就带着她乘坐豪华轿车前往西区的一个排练室，为《金粉世界》新的巡演进行排练。还不到周末她就随剧组离开，开始巡演。他们没再确定新的婚期，汉森也前往多伦多打理家族生意。

如果这对情侣真像他们口头上说得那么恩爱的话，没有在美国或者加拿大结婚似乎有点奇怪。离开伦敦之前，他们还对媒体强调“我们之间没有发生口角。我们期待能够在接下来的 3 个月内完婚。”汉森补充说，“我们会在纽约、伦敦和安大略湖安家，我在这些地方都有生意。”但他没有意识到这样一来他们就有 3 个家了。这也表明他们之间存在着比情侣间的口角更为严重的问题。不管他们公开或私下里承认与否，他们的感情确实已经开始出现裂痕。奥黛丽不愿承认的是：如果他们还没有结婚就这样，那么即使结了婚也不会有多少改观。换句话说，相比未婚夫而言，她现在宁愿和事业恋爱，似乎还不愿为他做出牺牲。

1952 年 11 月 18 日，奥黛丽正在芝加哥巡演《金粉世界》时，他们发表了一份正式声明。汉森从多伦多赶来，认真讨论此事：“当我们都事业有成的时候，或许我们可以再谈。”奥黛丽说道。她接下来的话流露出她的理性胜过感性：“既然我们不打算结婚，取消婚约似乎更明智。并且婚后我们见面的机会也少得可怜，我们还不具备正常生活的条件。”这是奥黛丽看待自我的一个重要变化。到目前为止，她在公开声明中都一直强调她十分担忧如果她熬夜为丈夫做饭会让她没有时间背台词，影响工作。以前她一直从丈夫的事业角度看待婚姻，而现在她要根据自己的事业处理生活。“当我忙于自己热爱的工作时，与吉米结婚对他来说是不公平的。”“让他站在一旁替我拿外套，等着我为影迷签名”会让他颜面扫地。汉森成为世界上最强企业集团的老板后这种情形可能不太会发生，但在当时，奥黛丽对两人的这种判断是绝对正确的，很可能汉森也这么认为。

威廉·惠勒是位非常缓慢但又一丝不苟的艺术家。令派拉蒙恼火的是，他在近一年后才允许《罗马假日》首映。奥黛丽在拍电影前已是百老汇的明星，然而在罗马拍摄电影的几个月期间，她的名字已经从重要的报纸杂志上消失了。1952 年底《金粉世界》到洛杉矶巡演时，派拉蒙的公关人员费了好大劲来说服当地报纸采访奥黛丽，甚至不无绝望地买了门票请他们去看演出。

但这一切很快得以改变。惠勒拿了一个粗剪版让派拉蒙的高层和决策者过目。“我知道很快全世界都会爱上她。”他说。影片中奥黛丽将她自身及角色所体现的纯真、善良和青春活力以一种特殊的方式融合在了一起。派拉蒙迅速把钱投在了它深信能盈利的地方——在奥黛丽的第一部电影上映前就筹拍第二部电影。这部新电影叫《龙凤配》，根据萨缪尔·泰勒的百老汇舞台剧《仙女塞布丽娜》改编而成。奥黛丽在开始《金粉世界》的巡演之前就读过这部剧本，她的直觉总能变成行动。奥黛丽曾在玛格丽特·萨拉文出演这部舞台剧之前请求派拉蒙买下剧本，吸引她的是故事情节本身，这是一个现代童话。

在《龙凤配》中伊迪斯·海德再次为奥黛丽设计戏服，但其中的一些重要衣服由他人设计。这位伟大的设计师认为这是对她个人的否定，但这却让奥黛丽与她一生中最重要也最亲密的一位朋友相遇。片中在巴黎以及回到长岛后完全变了一个人的塞布丽娜的服装都将由法国设计师休伯特·德·纪梵希打造。两人在巴黎的阿尔弗雷·德·维尼路8号见面，之后便成为终身挚友。奥黛丽·赫本得以成就她的银幕形象，纪梵希和她的任何导演一样功不可没。

当时的纪梵希年仅26岁，身高1.98米，对自己的创意非常有信心。任何人都不应该因为身材的不完美而做出妥协。在概念和设计上，纪梵希是个极简主义者。他去除了设计中所有的非必需品，不允许自己的设计中有任何差错，也不容许有任何改动。他在工作室中完成的服装和他在速写本上画出的设计图一样美丽精致。奥黛丽简直是他作品的天然代言人，作为回报，纪梵希让她每一个银幕形象都如同欧几里得定理那样深入人心。

自从受命为“赫本小姐”定做服装之后，纪梵希回忆说他曾经一度以为是凯瑟琳·赫本。这位年龄较大的女星穿着随意，人们可能好奇纪梵希在等待她的到来时到底在想些什么。当他发现走进来的是个风姿绰约、穿着格子长裤和白色T恤衫并且拥有和他的速写本上的模特一样清晰的线条的女孩时，他一定吃惊得张大了嘴巴。

这还不是全部。纪梵希能够让人瞬间识别的风格不仅来自于经典的简洁，也来自于它能让身体自由活动不受拘束。他为奥黛丽设计的服装不仅完全合身，并且舒服。纪梵希喜欢说一句话："女人并不仅仅穿裙子，她住在裙子里。"

纪梵希是个新教徒，他和奥黛丽有着同样的工作伦理，这让两人的友谊更加深厚。关于两人的第一次会面，纪梵希后来这样写道："她温柔的眼神和高雅的举止在一瞬间将我俘获。"40 年后，奥黛丽写了一首散文诗来庆祝纪梵希对法国时尚的贡献，诗中她写到了纪梵希的友谊带给她的保护：

他的友谊的根，总是那么深厚强大。
关爱的坚固臂弯，庇护着那些他所爱的人。

那时奥黛丽还能轻松回忆起《龙凤配》里面纪梵希设计的服装。"一件是很经典的款式，几乎是标准的晚礼服，肩膀的一侧有个小小的蝴蝶结，具有我喜欢的轻快和幽默感。"他还为塞布丽娜和扮演鲍嘉的花花公子弟弟威廉·霍顿在冬日的花园里跳节奏缓慢、充满情欲的舞蹈场景设计了一款在白色蝉翼纱上镶着黑色刺绣的精美礼服。为了向奥黛丽表示敬意，纪梵希特意将一种特殊的布料命名为塞布丽娜。6 年后他推出了一款专为她设计的香水"禁忌"。说奥黛丽·赫本是纪梵希工作室的灵感来源并不夸张，反过来他也帮助她成为年轻、优雅和珍稀的标志。

奥黛丽的形象一直是那么纯真；但就是在这个时候，她从这个男人身上获得了区别于其他年轻明星的国际化风格。她初到纪梵希工作室时还处于含苞待放的状态，也就是说，她的银幕形象虽已形成却没有完全地绽放。纪梵希在她面前放了一面镜子，但并非单纯地让她照镜子，而是向她展示她可以成为怎样的女人。和他一样，奥黛丽将在决定自己的形象方面变得异常坚定和强势，但是要获得这种权力她还需要一个与众不同的男人的帮助，不久之后她就找到了他。

也许是在 1953 年夏天，当《龙凤配》仍处在前期制作阶段时，奥黛丽去巴黎会见纪梵希，在那里她看了一部叫作《孤凤奇缘》的电影。后来她又重新看了三遍。电影中的明星和她非常相似：假小子般的脸蛋，柔软轻盈的身体，自然白皙的肤色。李丝丽·卡侬比奥黛丽小两岁，以前也是位芭蕾舞演员，父母来自不同的国家（美国和法国）。在她们生命中的这个阶段，卡侬的事业和奥黛丽的事业出奇的相似。

然而，吸引奥黛丽再三观看影片的并非卡侬的美丽，她是被剧中巧妙地赢得孤儿芳心的木偶提线人的饰演者梅尔·费勒所吸引。这位瘦削而英俊的演员让奥黛丽回忆起儿时读的并且现在仍然在读的童话里的王子。尽管费勒没什么名气，但他确实是位精力充沛、优雅过人的男士。他很干练、富有魅力，但有点精于算计和作秀，无法让观众觉得他的魅力是浑然天成。但显然奥黛丽没有这样来看他。1953 年，她在母亲举办的派对上经格里高利·派克介绍认识了他。派克和费勒是通过加利福尼亚拉荷亚的“演员之家”成为朋友的。他 35 岁，比奥黛丽整整大 12 岁。她发现他不仅外表英俊，博览群书，并且多才多艺。他写过多本儿童小说，是话剧、电影和电台的导演，似乎认识好莱坞和百老汇的每个人。他的火炉里有好多块烙铁，坚信其中至少有一块能够点亮全世界。

在接下来的几年人们不禁会问，“到底奥黛丽看上梅尔什么了？”这个问题并不难回答。他们其实有很多相似之处。和奥黛丽一样，梅尔·费勒以舞蹈演员的身份开始了舞台演艺生涯。他和奥黛丽一样都遭受到严重疾病的折磨；他感染了小儿麻痹症，一只胳膊半瘫痪，但后来他通过艰难的训练恢复了它的灵活性。一直以来奥黛丽都十分仰慕那些通过顽强意志克服困难的人。和奥黛丽一样，梅尔也会说多种语言，他母亲说法语，父亲是古巴后裔，说西班牙语，是位成功的纽约医生。不管是在美国还是在欧洲，他都轻松自如。同样，他看上去似乎也有些营养不良。事实上，他们俩的合影有时会让人觉得他

奥黛丽之所以是绝佳的角色典范，不仅是她的宽阔胸襟与优雅，也是因为她质朴不做作的风格使然。

就像可可·香奈儿一样，她不仅改变了女性的穿着方式，更永远地改变了她们的自我形象，扩展了美的定义。

们好像是兄妹而不是夫妻。这就是奥黛丽将要嫁的男人。

但至少在一点上两人是截然不同的。没有人认为梅尔是一个让人轻松的同伴。他是个工作狂，如果说奥黛丽做事勤勉，而梅尔对工作就有些执拗了。但她能够理解他，因为在记忆中她父亲也是那样的，永远会想出新计划，并拥有爱尔兰人喜欢指挥他人的魅力。梅尔似乎对婚姻也有某种不耐烦，这也与赫本・拉斯顿类似。他穿梭于纽约和好莱坞之间，在纽约和一个雕塑家结婚之后离婚，然后在好莱坞再婚，接着又离婚并和第一任妻子复婚。两个妻子分别给他生了两个孩子。他和奥黛丽相遇时正在经历第三次离婚。

与奥黛丽的相遇对于梅尔很可能就像见到梦中人一样。当然，他告诉奥黛丽自己多么欣赏她在《金粉世界》中的表演。她也告诉他，如果条件允许并且他找到适合的戏的话她很乐意和他合作。事情就是这么简单而突然。这也是一次短暂的会面。梅尔不得不赶着去圆桌宫殿拍他的亚瑟王，奥黛丽也要飞往好莱坞开始《龙凤配》的拍摄工作。电影中的阴谋诡计、争风吃醋、风花雪月等很快让她将梅尔・费勒抛到脑后，但这只是暂时的。

《龙凤配》剧照，1954 年

爱恨交织

有关玛格丽特公主的流言蜚语早已在世界各地传得沸沸扬扬，但直到1953年6月中旬大多英国民众才第一次听说。玛格丽特公主是伊丽莎白二世的妹妹，她毫不避讳地与有过婚史的空军上校彼得·唐森（曾是已逝国王乔治六世的侍从官）交往，并有意下嫁于他。6月底，玛格丽特公主被安排去罗兹岛进行为期19天的旅行以避开媒体视线。她的情人则被劝说离开英国，他接受了英国驻布鲁塞尔空军大使的职务。

就这样，公主与普通人之间备受阻挠的爱情故事成为即将在8月底上映的《罗马假日》的预告片，这种宣传效应非任何一家电影公司花钱能买到的。在那个年代，电影借助新闻事件做宣传的可不像现在这么普遍。这个丑闻让观众们觉得他们能够通过这部电影窥视到白金汉宫内发生的事情。在那个颇为传统的年代，这场“禁恋”催生了一场宪法危机，关于危机的报道以及专栏作者对玛格丽特公主的“痛苦”的肆意猜测与银幕中上演的浪漫故事融为一体，大大增加了观众对这部电影的期待。真实与虚构的两位公主的爱情故事有着足够的相似点，再经派拉蒙公司宣传部门大力宣传，更加给人一种相互映照的感觉，甚至让人觉得这部电影的“原型”就是玛格丽特公主悲剧结局的秘密情事。当然，这都是无稽之谈，但对于电影宣传者却是绝佳炒作材料。

奥黛丽还在伦敦时，美国报纸早几个月就已经开始报道这个故事，但更为谨慎的英国报业尚不敢对这些流言大肆宣扬。在 7 月底《龙凤配》开拍之前，奥黛丽拒绝回到好莱坞，理由无可非议：她已经累坏了，需要好好休息一下。但这却给派拉蒙公司出了个大难题。多家极为重要的美国影迷杂志都迫不及待地想要采访奥黛丽，但他们大多数都只有 3 个月的期限，而且全部都在千里之外。当时还没有喷气式飞机或是卫星连接来解决时空问题，洛杉矶的记者们都为自己在《金粉世界》在美国西海岸上映之时忽略了奥黛丽而懊悔不已，要求采访奥黛丽的呼声不绝于耳。重压之下，派拉蒙只好答应至少帮助一家著名杂志，即《现代电影》。他们将录好的采访问题通过飞机快递给身在伦敦的奥黛丽，然后再将她的回答录音发回伦敦。“这是奥黛丽的首次影迷杂志专访。”《现代电影》骄傲地说。

可以预料，他们的第一个问题有关婚姻，奥黛丽回答说：“总有一天我会恋爱结婚，不管有没有事业。”

1953 年 9 月 7 日，奥黛丽登上了《时代周刊》的封面，这引起了轰动。这是《时代周刊》对才华初露的新星少有的礼遇，奥黛丽是电影尚未在美国上映就已登上《时代周刊》的首位明星。文字则更是不同寻常地极尽溢美之词，好像她在该杂志刊出的所有封面人物中独领风骚一样，封面题词写着：“一颗钻

石在人造钻石的光亮中熠熠生辉。”该画出自当时《时代周刊》的首席插图师鲍里斯·查理平笔下：在巴洛克风格的罗马建筑背景下，奥黛丽一袭《罗马假日》里的装束，画面右侧有一个超现实主义风格的草莓蛋筒冰激凌，象征着平凡世界的诱惑。杂志正文更是将其作者对奥黛丽的爱表现得一览无遗。

“她身材苗条，大眼睛明亮清澈，鹅蛋脸，将女王的高贵气质与少女的顽皮机灵巧妙地融于一身。”文章与封面题词相呼应，写道：“在《罗马假日》虚幻世

“她身材苗条，大眼睛明亮清澈，鹅蛋脸，将女王的高贵气质与少女的顽皮机灵巧妙地融于一身。”

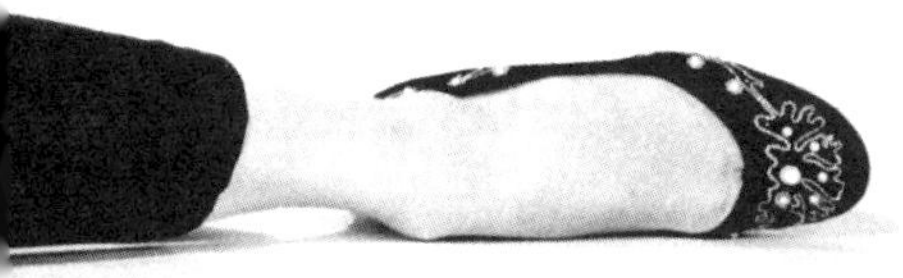

界的光彩中，派拉蒙公司的新星闪耀着钻石般的璀璨光芒。傲慢、自大、懊悔、喜悦、叛逆、疲惫，千姿百态，在她那灵动青春的面庞上瞬息万变。”（当时她已经 24 岁，用她自己的话来说“不再那么年轻”。）这篇文章还为她的下一部电影《龙凤配》做广告，引用导演比利·怀尔德的话说：“自嘉宝之后，或许除了英格丽·褒曼无人能及奥黛丽。”怀尔德后来还半开玩笑地对奥黛丽的才智大加赞美：“她看起来似乎能拼出精神分裂症（schizophrenia）这个词。”

她是第一位不以性感取胜的人。 ——辛西亚·罗丽

尽管如今我们对公主们的爱情生活了解得更多，但《罗马假日》仍像40年前一样让人倍感清新。今天的皇室过多地与外界掺和，因此当时的安妮公主对外界简单纯洁的反应显得更加弥足珍贵。1953年评论界高度赞扬奥黛丽的“机敏与美丽”，她饰演的安妮公主似乎一夜长大：清晨她带着逃学小女生的迷人笑容醒来，后与派克在游轮餐厅的甲板上跳舞，把头枕在他的肩膀上做着最后的梦，之后好似从梦中醒来，对他说：“你好。”

1953年8月底，这部电影同时在纽约和伦敦上映。奥黛丽没有出席任何首映会，但她出席了该片在威尼斯电影节上的放映，以示她对电影拍摄地的敬意。回到美国后，她发现自己名声大噪，但她没有得意忘形，反而为今后不得不满足人们更高的期许而忧心忡忡。派拉蒙总裁阿道夫·朱克尔预言道：“只要赫本小姐得到适合的角色，她一定能成为电影史上最伟大的女演员。”听到这一预言，她本应该欣喜万分，相反，她的反应让人回想起她在百老汇上演的《金粉世界》首演成功后表达过的幻灭感。担忧抢走了喜悦，就像责任剥夺了安妮公主的自由一样。纽约观众的欢呼声还未消退，奥黛丽就说：“今后你将更累。”这句内省的话也非常适合安妮公主，她也像奥黛丽一样准备挑起肩上所负的责任。

讽刺的是，《罗马假日》在它最应该成功的地方——美国——却失败了，这是它唯一的遗憾。这部影片的拍摄地点罗马并没有像威廉·惠勒预想的那样具有吸引力。对当时大多数美国人来说，“出国”还是一个相当稀罕的经历。一年后，《罗马假日》相对来说收益好得多，那时美国旅游业已经发现了这个不朽之城，变得比巴黎更受人欢迎。当然它的电影主题曲也功不可没。

不过,《罗马假日》在别的国家却取得了巨大成功,获得了丰厚的补偿。男孩没有追求到女孩——无论皇室贵族还是普通百姓,这对好莱坞电影来说是一个例外,但欧洲电影的悲剧结局历史悠久。欧洲新闻界对这部电影的高度评价反映了电影院外等待观映的人们的高涨热情。英格丽·褒曼在罗马看完该影片后哭了,罗塞里尼问她:"你为什么哭?这是悲剧吗?""不",褒曼回答道,"我被奥黛丽·赫本深深感动了。"相对理性的英国评论界表达了对奥黛丽的赞美,但觉得对于两小时不到的电影来说,这部电影开头部分"太过冗长"。而公众则毫无保留,带着对玛格丽特公主的爱情悲剧的痴迷成群结队地去观看这部影片。到了 1953 年,英国掀起了意大利潮:伟世伯踏板车、尖头鞋、男士平角裤、青少年热衷的新意式咖啡吧等。在罗马街头自由自在的公主形象恰好符合公众要求。

如今派拉蒙已经将奥黛丽带回美国,他们开始认真地为宣传奥黛丽大造声势。她搬进靠近洛杉矶西木区的威尔榭大道上的一栋小公寓楼里。《生活》杂志在 1953 年 12 月第 7 期里用 6 页篇幅刊登了奥黛丽的一组照片,显示了奥黛丽的形象尚未定型。"奥黛丽的魅力缘何而来?"标题如此问道,杂志的答案颇有深意:"(她)是无法定义的。她是世界的公主,人间的精灵。她既谦和友好,又带着奇怪的孤傲。"这一组照片主要表现了她一个人的状态:早晨六点半像还未睡够的孩子一样在公寓木门前等待前来接她的保姆车;在路上像备考的学生一样温习台词;像小女孩一样盘着一条腿,另一条腿则像芭蕾舞动作一样优雅地前伸,与工作人员一起匆忙吃早餐;画眼线;骑着自行车从化妆部赶往拍摄地,这是唯一一张表现她真正开心的照片。

这篇文章没有提及奥黛丽的爱情故事,这一点很重要。《生活》杂志特意表现出的是奥黛丽身上独立自主的品质。它引用了奥黛丽的原话:"如果周六晚上到周一早上我能待在我的公寓里,我会非常开心。这就是我的感受。"很难想象那时的其他美国明星会承认更爱自娱自乐。《生活》杂志的佚名

《龙凤配》剧照，奥黛丽·赫本与亨弗莱·鲍嘉。

作者补充道："好莱坞断定奥黛丽身上的这些不同于其他明星的特质会使公众爱上她。"

但从某种程度上来说，奥黛丽当时依然比大多数当红明星低一等。出演《龙凤配》她只拿到了 15000 美元（合 3000 英镑）的片酬，与《罗马假日》的片酬差不多。充当着明星们的财政顾问的海达·霍普说："如果你等到《罗马假日》上映后再签约的话，你可以拿到更多片酬。"奥黛丽回答道："最重要的不是

钱，而是成为一个优秀的演员。”霍普的反应无证可查，毕竟好莱坞无法理解这种异类想法。

同比利·怀尔德合写《龙凤配》剧本的欧内斯特·莱曼回想起怀尔德第一次带他去奥黛丽两居室的公寓时，她的问候方式非同一般。他们送给她新艺术风格的海报作为礼物。“她当时正蜷着腿坐在地板上，当我被介绍给她时，她跳起来在我的两颊分别亲了一下——明星给作家如此礼遇，这十分罕见。”

拍摄《龙凤配》对奥黛丽或其他任何人来说都不是一个愉快的经历。莱曼解释这部电影在杂乱无序中开始，在惊慌失措中结束。奥黛丽不得不在前往拍摄地的车上立即开始背诵台词，因为黎明时分莱曼才将剧本交给她。在南加州大学档案馆里的剧本上，莱曼写着：“(比利)白天导演，晚上反复修改剧本。这是一项十分痛苦、令人绝望的工作，有时候我们都累垮了。”有时怀尔德赶到剧场却发现无剧本可拍，只好决定“我们重拍之前的镜头。”如今莱曼称它为“一生中最恐怖的工作经历”。

即使奥黛丽免受接连不断的创作恐慌，但也惊吓连连。当她平白无故地成了亨弗莱·鲍嘉痛恨和羞辱的对象时，她明白了所谓的“好莱坞恩怨”是怎么一回事。《卡萨布兰卡》是她最喜爱的电影之一，她一度认为鲍嘉像他饰演

凤配》剧照。

的瑞克一样是个受人尊敬、勇敢浪漫的冒险家，但却发现在现实中他是一个横行霸道的人。鲍嘉本性中带有一种自我毁灭的倾向，但他却将这一缺点报复到任何他不喜欢，或是他自觉不如，或是他感觉受到特殊待遇的人身上，这其中包括无辜的奥黛丽。部分原因在于鲍嘉起初并不愿意出演这部电影，鲍嘉认为自己和赫本年龄差距太大。尤其是让威廉·霍尔登饰演剧中浪漫多情的弟弟，而他却饰演古板乏味的哥哥，会让观众加深这一印象。加里·格兰特当初也是出于同样的原因拒绝出演这部电影。怀尔德宽慰鲍嘉："你会遇见这个迷人的女孩。"自他们被互相介绍认识的那一刻起，鲍嘉就开始有些愠怒了。"当怀尔德拍摄奥黛丽伏在他肩头时的特写镜头时，他怒气冲天，"莱曼说道，"他明白镜头是倾向于奥黛丽的。但你们更愿意看谁的脸呢？"

当奥黛丽无视他的嘲弄时，他把怨恨转为公开的敌意。他开始模仿她的声音，遭怀尔德制止时，鲍嘉又开始把他的怨恨发泄在他身上，模仿怀尔德浓重的德国口音，要求"（将他的话）翻译成英语"。但怀尔德可不像奥黛丽那么好欺负，他立刻反唇相讥，朝鲍嘉吼道："鲍嘉，我看你不仅表面混蛋，内心也是如此不堪。"

片场的气氛一天比一天紧张。奥黛丽注意到鲍嘉要求每天 5 点整给他送一杯威士忌。在拍片空闲时喝了威士忌之后，鲍嘉变得更加乖戾。偶尔心烦意乱的奥黛丽台词说得结结巴巴，鲍嘉毫不掩饰他的幸灾乐祸：说奥黛丽是一个虚有其名的英国业余演员。当一天拍摄结束时，怀尔德会邀请奥黛丽、霍尔登和莱曼去他的办公室喝一杯，唯独落下鲍嘉。鲍嘉感觉被排斥了，又没法刺激奥黛丽使她发脾气，只好开始嘲讽霍尔登——称他为"笑脸吉姆"，讽刺他帅气的外表，说他不过是"师奶杀手"，不是一个真正的男子汉。

尽管私下里他们之间的关系在不断恶化，但主演们上演的浪漫喜剧的拍摄工作进展却十分顺利。这对奥黛丽来说是一个非常严峻的考验。

"最难写的一场戏是在公司的顶楼公寓里，"欧内斯特·莱曼回忆道，"鲍

好莱坞断定奥黛丽身上的这
些不同于其他明星的特质会
使公众爱上她。

嘉饰演的古板的哥哥和奥黛丽饰演的活泼的塞布丽娜发现爱上了彼此。比利想让我把这个场景写得再暧昧一点。他一直怂恿我将这个场景设计成两个人最后发生了关系。我对他说，‘比利，这会毁了这部戏的。在童话故事中人们是不会发生关系的。如果这么写，观众会恨我们，不管怎么样我们不能这么做’。”

荧屏外的实际情况则迥然不同。“奥黛丽和霍尔登在拍摄《龙凤配》的过程中产生了感情，”莱曼回忆道，“非常低调但非常坚定。每个人都以为自己很了解奥黛丽，这让我们大吃一惊。”有一次莱曼走进其中一人的休息室——他记不清到底是哪一个——“很明显他们俩擦出了火花。”当时霍尔登已经与布伦达·马歇尔结婚，影迷杂志上刊登的他与家人的一组照片完全隐藏了这个风流成性的男人内心深深的不幸福感。

许多年后，霍尔登在自传中回忆说：“有些晚上，我会带上一个便携式电唱机，开车前往乡下，到我们发现的一块小空地去。我们会放上芭蕾音乐……奥黛丽会在月光下为我翩翩起舞。我们之间一些最美妙的时刻就是发生在那里。”另外一些叙述更加直白。据与奥黛丽关系十分亲密的几个人所说，奥黛丽虽然对男人的兴趣很大，但是她十分谨慎，交往过程断断续续。情感遭遇紧张情形时她会与人发生感情。她对那些主动出击，大胆勇敢，甚至是乘虚而入的人颇有好感，而且还有人认为那些不及她浪漫甚至不懂欣赏她的过人之处的人也能得到她的青睐。让人惊讶的是，奥黛丽竟然能够容忍情人的恶习、粗鲁甚至是毫无顾忌粗口，这与她沉稳的性格截然不同，也许这也正是他们的魅力所在。奥黛丽的父亲粗犷好斗的爱尔兰性情在她的情人身上似乎有所体现，尽管这些人未必是她想要结婚的对象。

与詹姆斯·汉森解除婚约后，奥黛丽爱上搭档威廉·霍尔登，这不难理解。霍尔登不仅有着帅气外表，当时也正值事业高峰。但如果他与妻子离婚，她是否会嫁给他仍不得而知。对于越来越想建构一个家庭的女人来说，故意做了绝育手术的男人显然不是她的理想对象。

《龙凤配》剧照，奥黛丽·赫本与威廉·霍尔登。

比起《罗马假
的公主，《龙
中的塞布丽
德品行的把
得多，但奥
拿捏尺度可
无缺。

与在《罗马假日》中孩子般的安妮公主形象相比，奥黛丽在《龙凤配》中的“公主”形象则备受争议：在巴黎，当塞布丽娜所遇见的男人纷纷被她吸引后，她由一个灰姑娘变成了一个自信、世故的女人。但这些吸引力的真正本质却被忽略了。就像刘别谦的喜剧电影一样，这部喜剧最精彩的地方在于它没有直接表现出来而是留给我们复杂的直觉去探索。比如在巴黎时，塞布丽娜师从一位顶级主厨学习烹饪课（这位主厨由奥黛丽在出演《金粉世界》之前就认识并一直交好的知己马塞尔·达里奥饰演），但她从巴黎带回美国的那些纪梵希服装似乎并不是她用女子精修学校的学费买的，很有可能是她班上一位学习做奶酥的同学——一个殷勤的老男爵——买给她的。这是对奥黛丽纯洁的女孩形象之外的另一个银幕形象——情妇——的最早暗示。她的双重性格在《蒂凡尼的早餐》中表现得最为清楚，这也让编剧为如何在她做出颇有争议的行为的同时保持纯洁形象而伤透脑筋。随着奥黛丽年龄的不断增长和电影审查制度的不断放宽，她能够饰演的角色越来越多，但同时千万影迷们的期待也限制了她的角色，在这种情况下同时保持两种形象越来越难。在《龙凤配》中女主角得以享受金钱和物质带来的诸多好处之余没有道德败坏也是得益于奥黛丽本身的光彩个性。

怀尔德和莱曼非常善于处理道德平衡。"比利会明确地向奥黛丽示范如何去演他要想的场景，"莱曼说，"事实证明她是一个完美的学生。"正是得益于他们的智慧和机智，奥黛丽才能带着沉着自信、幽默轻松的心情去诠释这个角色。这个女孩违背了她工薪阶级的父亲，想要追求的不是金钱而是其他东西。比起《罗马假日》中的公主，这个角色对道德品行的把握要难得多，但奥黛丽的拿捏尺度可谓完美无缺。

“如果我选择婚姻，我会想要全身心的投入。”这个“如果”于 1954 年 9 月 25 日在瑞士成为现实。梅尔和奥黛丽身着结婚礼服走过绿色环绕的牧草地。

第一次婚姻

拍摄《龙凤配》的最后一天，奥黛丽筋疲力尽地从片场回到位于比弗利山庄的家中，电话忽然响了起来。电话是简·西蒙斯打来的。奥黛丽想起，如果霍华德·休斯（简是他旗下的艺人）当初愿意分享他的“财产”的话，简本来应该出演她在《罗马假日》中的角色。简·西蒙斯说：“我刚看了《罗马假日》，尽管我想恨你，但我还是得告诉你如果换作我，我演得肯定不及你一半。你简直太棒了！”

从此奥黛丽与简·西蒙斯和斯图尔特·格兰杰夫妇很快建立起深厚的友谊。他们是奥黛丽第一次在好莱坞结识的真正朋友。她经常躺在格兰杰夫妇家的游泳池边，度过最惬意的上午时光——她很少下水，因为她讨厌游泳，而且除了在舞蹈工作室做一些热身运动外她几乎不需要做任何运动。奥黛丽也抽烟，但很有节制，她一点也没意识到威尔士公司的金雪花牌的廉价、浓烈香烟给她带来的危害。她让人从英格兰寄过来，放在长杆烟斗中抽。她不开车，而是骑自行车。1954 年的比弗利山庄还是一个非常清静、安全的地方。当这个年轻的明星穿着男式衬衫，把衣襟系在腰上，骑着粉红色自行车疾驰在满是明星的社区里时，几乎不会引人注意。偶尔琼·克劳馥会谈起年轻的奥黛丽的打扮，完全忘了自己当年曾经扮演的野蛮任性的角色。据称克劳馥曾经说："我听说奥黛丽·赫本现在懂得了如何举止妥帖。我敢说她现在应该穿得像个淑女了。"海达·霍普可不愿让克劳馥成为好莱坞品位的仲裁者，她回应道："琼，我有没有告诉过你，这位'年轻女士'曾穿着亮粉色斗牛士裤子、淡粉色紧身棉衬衫，脚上穿着只有一根带子的鞋子出现在这个办公室。"

在事业的这个阶段，尽管《龙凤配》已经引起观众的强烈期待，但奥黛丽依然生活得很朴素，可以说她只有"一手提箱的衣服"。她只买了3件《龙凤配》中她穿过的纪梵希礼服。"尽管已经旧了，但对我来说它好极了。"所有在奥黛丽这段"单身"时期认识她的人都觉得她单纯真诚，性情温婉。一些人还觉得对她这个年龄的人来说，她在感情上不够成熟，但她却能在充满幻灭爱情的娱乐圈里怀抱着浪漫憧憬。她对霍普说："我一直希望我是削肩，而不是平肩。"这位专栏作家猜她可能指像《乱世佳人》中南方美女那样的身材。"对啊，带裙撑的裙子之类的。"

奥黛丽的爱情生活曾引无数猜想，但不会招致流言蜚语。自从她拒绝了未婚夫詹姆斯·汉森之后，没有其他男人走进她的生活吗？这句略带责难她无情的话刺痛了奥黛丽，她愠怒地回答"我没有理由拒绝任何人，"之后又承认她的脆弱，"取消婚约之后我一直都很不快乐，但我相信我们做的决定是正确的。"大约在这个时候，英国评论家保罗·霍尔特到美国游玩，他问奥黛丽是否能说说是什么特质让她出名。"学会放弃一些东西。""比如？"他追问道，"她幽幽地看了我一下，半开玩笑地说：'比如说婚姻。'"

大多数明星把名声看作获取财富的手段，不会苛求自己摆脱物质诱惑。奥黛丽也像其他人一样野心勃勃，但她的目标却不是常规的功名利禄：她对成名成星带有一种自我牺牲的态度，并且她认为婚姻也是一种危险状态。似乎她认为带有“孤注一掷”感觉的浪漫理想的婚姻包含了太多风险，自己还没做好准备。工作更安全。然而她发现正是在工作中她的生活模式被一个再次走进她生活的男人彻底改变，而他恰恰为她带来了那种她说要学会“舍弃”的关系。

在拍摄《龙凤配》前夕，奥黛丽曾在伦敦向梅尔·费勒表示如果他能找到一部好戏的话，她有兴趣在百老汇与他同台演出。1953 年年底，他突然出现在洛杉矶，并且告诉她说已经找到合适的剧本。也许是机缘巧合，那时他与第一任妻子的第二次婚姻在墨西哥华瑞兹市“闪电”收场。他可以自由地和奥黛丽同台，并且在之后的几个月里两人关系越来越亲密。梅尔对于戏剧有很强的鉴赏力，并且这次他做了个精明的选择。

这部戏剧是由法国剧作家季洛度根据中世纪的翁蒂娜传说创作的一部神话故事。翁蒂娜是一个离开原来的生活环境、闯入人类领地的海洋精灵。她爱上了一个英勇的骑士，而骑士也被她绝美外表所吸引。但像所有人类世界的人一样，这个骑士是一个薄情之人。他们之间的爱情最后以翁蒂娜的背叛、情人的死亡以及海洋精灵返回水下世界而告终。这部戏剧带有战前法国戏剧和影视作品忧郁宿命论的风格，不过它插入了对现代社会的爱情与惩罚的评论。费勒意识到只要演员足够优秀、导演足够出色，这部戏剧肯定会重新焕发生机。奥黛丽爽快地答应出演女主角，并且她一答应，著名演员阿尔弗雷德·朗特也随即同意担任这部戏的导演。毫无疑问，费勒将会出演戏中的骑士。

在《翁蒂娜》波士顿演出前夕，奥黛丽接到了她好莱坞经纪人卢·瓦瑟曼的电话，得知《龙凤配》已经试映，有望取得巨大成功。纽约的演出迫在眉睫，而她不仅深受焦虑困扰，更让梅尔担心的是，近两年所受的压力开始在她身上显现，这种时候她的确需要这样的好消息。尽管她自己不承认，但久治不愈的感冒暗示了她的虚弱。她在等待上台时，神经极度紧张，担心演出的节奏，梅尔的假发，以及一大堆责任不在她、并且已经来不及改变的事情。但当幕布升起时，她的焦虑似乎一瞬间全都消失了。

1954 年 2 月 18 日,《翁蒂娜》在百老汇上演时并没有大受欢迎。尽管舞台场景很华丽壮观,但看起来过于厚重,好像要掩盖住对季洛度的富有哲理的剧情不自信似的。一个未署名的《时代周刊》评论员写道:"这部剧既浮华又呆板,一点也没显示魔幻色彩,反倒弄得像一个糖果店。"但奥黛丽的确为这部戏剧带来了生机并引起了观众对翁蒂娜的同情。《生活》杂志在其评论中写道:"比起其他演员,奥黛丽在表演古老的神话故事时有很好的把握能力,好像她相信故事里的每一个诗句似的。"《时代周刊》的评论员下了一个几乎纽约所有评论员都认同的结论:"精灵从平静的湖面蹿出来时充满了魔幻色彩与野性魅力。奥黛丽·赫本的表现简直就是神话。"

越来越高的人气并未能让奥黛丽恢复健康,而且一周八场演出的压力已经在她身上显现出来。周围人发现奥黛丽越来越依赖梅尔·费勒。阿尔弗雷德·朗特感到尽管自己的动机是善意的,但有时候奥黛丽却反对他的指导意见,这恐怕是受梅尔的影响。有时候他觉得这个舞台剧有两个甚至三个导演。按照惯例,奥黛丽应该独自上台谢幕,毕竟她是这部舞台剧的灵魂人物。但每晚演出谢幕时梅尔都站在奥黛丽边上,与她一起分享观众的掌声和属于她的荣耀。

也许仅仅是巧合而已,奥黛丽的母亲原本在《翁蒂娜》上演前一直住在英国,此时也来到了纽约,似乎她也听到了两人恋爱的传言。奥黛丽仍然和她的秘书住在市中心狭小的公寓里,还养了两只卷毛贵宾犬,这是梅尔送给她的礼物。梅尔鼓励她采取的自我保护措施如今更加严实。她的电话号码都严格保密,甚至她的新闻代理人和剧院后台经理都不知道。如果有需要,她会打给他们。在她极少的几次公开露面中,她表现得有些无精打采,这并不是她的风格,并且每次都匆匆赶回家"休息"。当她穿着那暴露的演出服时,人们可以一眼看出她明显消瘦了。有报道称她患上了神经性厌食症。为她担心不已的朋友都认为是超负荷工作和她不沉湎于成功之中的性格导致她现在的身体状况。医生经常在剧场待命。谣言称奥黛丽·赫本肯定精神崩溃了。这一次，他们说中了。

梅尔·费勒不仅相当情绪化，而且对那些他不喜欢的人说话非常尖刻，此时成为最明显的“大恶人”。他辩解称让奥黛丽远离媒体是出于对她健康危机的考虑，但人们并不完全相信。虽然这是事实，但并非全部事实。奥黛丽的焦虑不仅是来自情感上的紧张状态，还源于衰弱的身体。就像《翁蒂娜》中的海洋精灵，她被遇见的骑士迷住了，现在他想要她为妻。上次她一直拖延着不做决定，拖到最后爱情过了保质期，而这一次她不得不做出决定。但她能够适应婚姻的“围城”吗?

显然艾拉·凡·赫姆斯特拉不支持这段姻缘。奥黛丽的母亲自己对这样的魅力绅士毫无抵抗力，两次与这样的男士步入婚姻的殿堂，但现在她不相信他们了。费勒、奥黛丽和母亲之间的关系变得紧张起来。

正当奥黛丽还在为她必须做的决定大伤脑筋时，派拉蒙的制片总监唐·哈特曼告诉她:《罗马假日》中她的表现赢得了奥斯卡金像奖最佳女主角提名。纽约影评人协会 12 月底的时候已经给她颁发了奖项。但就她目前的精神状态，得知了这个天大的好消息后，她并没有欣喜若狂，而是有些麻木。在她的一生中，个人荣誉对奥黛丽来说不是兴奋剂，而更像是镇静剂。赞扬带给她的是责任，而不是自我放纵的通行证。这是她所接受的加尔文主义的一部分。“我觉得这是一种必须取得成功的责任。”她为自己设定的成功标准非常高——高到她难以企及或保持。

1954 年 3 月 25 日，奥黛丽刚演完《翁蒂娜》，匆忙谢幕之后直奔同步直播洛杉矶奥斯卡颁奖仪式的纽约世纪剧场。她身上还穿着戏服，妆也未卸，匆忙脱下闪亮的渔网裙，换上白色晚礼服后赶到观众席，坐到母亲身边，满怀期待却又不敢相信好运会降临在她身上。之后好莱坞的唐纳德·奥康纳叫出了她的名字，在祝福者雷鸣般的掌声中，奥黛丽走向了陌生的颁奖台。但她转错

1954 年 3 月 25 日，奥黛丽·赫本因出演《罗马假日》中的“安妮公主”，获得奥斯卡金像奖最佳女主角。

了弯走到了舞台的侧翼，当琪恩·汉旭特递给她镀金的奥斯卡金像时，为了掩饰失态，她自嘲地扮了个鬼脸，引得观众发出一阵善意的笑声。随后她说道："这真让人有点受不了，我，我想对每个人说谢谢。他们在过去的几个月和几年中，帮助、指导了我很多很多。我是真的，真的很感激他们，还有不可名状的高兴。"

她喝着香槟为自己庆祝，兴奋得一夜未合眼。早上，她坐在那张几乎有她两倍大的派拉蒙董事长专属橡木椅上接受了记者的采访。记者们不可避免地争着将话题从艺术转向了她的爱情。"赫本小姐露齿一笑，说她现在还没有爱情。她倒是爱上了中央公园的那群马。" 记者们对奥黛丽的推诿之词十分不满，至少有一位记者将梅尔·费勒削长的脸与马脸联系了起来。

奥黛丽没有错过一场《翁蒂娜》的演出，但成功是以健康为代价的。她的体重持续下降，每场演出结束后都要接受医生的检查。当得知她凭借《翁蒂娜》获得百老汇戏剧领域最高奖项、堪比电影领域奥斯卡奖的托尼奖时，她只报以虚弱的一笑。她几乎横扫了美国所有的主要奖项（还有英国的几个奖项），但她从未感到如此虚弱。她（或梅尔）拒绝了一切社交邀请，他们每个周末都是在新泽西的健康中心度过的。她拒绝了公司管理层的劝说，经纪人在《翁蒂娜》演出结束后宣布了她的声明。即使这样，奥黛丽在媒体声明中只是向那些失望的人表达了歉意。"我已经很努力地去履行我的职责……如果有人对我很生气，我很抱歉。"

奥黛丽并不"开心"。也许母亲对她和梅尔结婚计划的一概反对加重了她的压力，这是奥黛丽与母亲少有的几次不欢而散。医生建议她去空气清新的瑞士山区休息一段时间，她欣然接受了医生的建议，这也正合梅尔的心意。不知是巧合还是刻意的安排，他将出演一部意大利电影《母亲》，该片将在西西里岛和罗马进行拍摄。尽管他们不能在一起，但意大利离奥黛丽准备接受休养的格斯塔德并不遥远。苍白消瘦的奥黛丽拒绝了母亲陪同前往的请求，独自一人离开纽约前往欧洲。在离开纽约之前她哀怨地说："我想享受生活，而不是被生活摧垮。"到了格斯塔德后，就像是《罗马假日》里的公主一样，她极不情愿地发现人们对她满是崇拜和好奇，似乎在那儿也不能卸下明星身上的光环。商家把她当作皇家成员一样，将她的照片装裱起来摆在橱窗里，当地电影院里放映着"那部电影"。她无奈地在房间里待了几天，每天独自吃饭，望着窗外不合季节的阴雨，她觉得自己已经被摧垮了。

无奈之下，她打电话向梅尔·费勒求助。在梅尔的安排下，她离开格斯塔德，搬进一家安保设施更好的酒店。这家旅馆位于伯根斯托克，濒临卢塞恩湖，四周是群山和小农场，非常幽静。酒店老板弗里茨·弗雷确保她的隐私。

情况立刻有了改观。她的房间布局柔和欢快，保安阻止了所有外来人员，弗雷还体贴地将她的电话与外界断开，命令酒店总台严格监控所有来电。只有梅尔和她母亲的电话才能接进来。酒店的医生还为她定制了一份营养食谱，要求她有规律地进餐，并帮助她坚持下来。她每晚八点准时上床休息。很快这套养生法在她身上起到了积极的作用。

在这段强制休息的宁静时间里，奥黛丽审视了过去，回顾那些令她筋疲力尽、胜利与崩溃几乎如影随形的事情。如果没有人和她一起分享，未来似乎是不完整的。离开纽约前往欧洲之前，梅尔已经向她求婚，她同意考虑。夏季结束的时候她做出了决定。根据一位密友所说，"梅尔的 37 岁生日就要到了。他仍然在意大利拍戏。奥黛丽送给他一块铂金手表，上面刻着'爱上那个男孩'——出自诺埃尔·科沃德的歌词。这表明她已经接受了他。"

"我最大的野心是拥有自己的事业，但不要变成女强人，"奥黛丽在此后不久说道。和梅尔分居两地，她发现自己非常想念他。她的病情使她急需有人为她提供建议，帮助她发挥自己的才能。她意识到很多曾经为她制订计划的人都没有赏识到她真正的价值。奥黛丽觉得婚姻能让她在成为女人的同时享受事业带来的快乐。此外，她爱梅尔。梅尔生日一个月后的那一天将是他们的婚期。

奥黛丽的头上戴着白玫瑰编成的花冠，手提着白色的婚纱。

梅尔·费勒仅用一吻定情，并没有用戒指。为了确保婚礼能尽可能地保密，他们做了细致的计划。奥黛丽如今已经非常清楚出名带来的不便，不过她下定决心，不会根据别人的计划安排自己的生活。她还记得瓦伦蒂娜·格特斯的建议：她要制定规矩。教堂婚礼的前一天，他们在湖滨小镇布奥克斯的市政厅登记结婚时，当地的一位摄影师不请自来，一向温和的奥黛丽对他表示异常愤怒。仪式结束后，她和梅尔立刻穿过厨房，钻进了等在后院的车里。

第二天，即 1954 年 9 月 25 日，一群瑞士警察在现场维持秩序，当新郎新娘以及他们邀请的二十多位客人全部到场后，伯根斯托克这座修建于 13 世纪的新教教堂的大门随之被关上。那天大雨倾盆，奥黛丽头上戴着白玫瑰编成的花冠，看起来有点苍白，一手提着白色的婚纱，另一只手上拿着白皮封面的祈祷书。英国前驻海牙大使纳维·勃兰德陪她走上红毯，将她交给新郎。

在一家私人高尔夫俱乐部举办完简短的婚宴之后，这对新人就匆匆钻进汽车前往意大利，这只是他们故意制造出的假象。实际上，他们又通过小路折回，在奥黛丽小木屋的火堆前度过了那个周末。然而，当他们两个出现在卢塞恩火车站时，好像在玩一场轻松愉快的捉迷藏游戏。奥黛丽的秘书掏出手帕擤鼻涕，暗示他们没有潜伏的记者后，他俩才从一个候车厅走出来，为了御寒，同时也是怕被人轻易认出，他们穿得严严实实。当他们的行李——十几只灰色的行李箱和六只手提箱还有几只公文包——通过私人车厢的窗户搬上开往罗马的特快火车上后，他们站在那咯咯地说笑着。可当他们到了罗马，还是遇到了不屈不挠的记者，也就是费里尼随之上映的电影《甜蜜生活》中所说的狗仔队后，他们就笑不出来了。几十个记者在那等候，随时准备扑向他们。奥黛丽和梅尔像逃跑的银行抢劫犯一样跳上车，记者开着车在后面穷追不舍。最后费勒夫妇对他们的凶猛围堵做了让步，给了他们几分钟的拍照时间。

两小时之后，一切又恢复了平静。夜幕中，奥黛丽走出屋外准备在休息之前呼吸一下乡间的清新空气。突然之间，几十个闪光灯在她周边一起闪光，就像那个季节常见的电闪雷鸣一样。在她逃回屋里之前，注意到树上、灌木丛中都是人影。当她还是派拉蒙电影公司的那个单身女孩时，公共宣传是她每天工作的一部分。如今她发现结婚让外界对她的兴趣又加倍了。她的事业已经步入一个新阶段，需要最严格的防御保护。

Audrey Hepburn

“虽然身体柔弱纤细，她却能摆出女王的气势。面容小巧，大大的眼睛与表情中释放出的智慧力量形成鲜明对比。娇俏的鼻子和大嘴巴让她的笑容有时性感，有时顽皮，但绝对真诚。”

高峰会议

在梅尔的细致监督下，奥黛丽恢复了健康和体力。梅尔是一个相当严厉的监工，当奥黛丽请求睡前喝杯威士忌时，他总会回道："不，亲爱的，喝牛奶。"他们有一个得天独厚的优势：就算长时间被围困在山庄里他们也不会挨饿。附近的农场提供肉类和新鲜鸡蛋；隔壁房东的菜园有蔬菜；他们自己园子的葡萄架上挂着成熟的葡萄。奥黛丽教她的意大利厨师兼管家做火腿肠和美式土豆煎饼，反过来他教奥黛丽做意大利农家菜。奥黛丽对意大利面食的兴趣就是在那时养成的，并伴随她一生。"多吃点肉，"她总是对每一个品尝她做的饭菜的人这么说。从罗马市场买来的鱼与大米、番红花和芦笋一起做成的菜肴让她一直保持令人羡慕的身材。在村里面包师那儿学习了几节课后她还开始自己烤面包。让她欣喜不已的是：她怀孕了。

家、童年、家人，这些在战争年代失去或受到伤害的东西，如今成了奥黛丽最大的渴望。在她一生中，她的一些态度，甚至说话的方式，在她亲密的朋友看来有点像小孩子，她对待生活的态度就像聪明的孩子玩一场游戏一样。

家、童年、家人，这些在战争年代失去或受到伤害的东西，如今成了奥黛丽最大的渴望。

但她的童年经历了父母离异和战争，这些经历让她信任他人的同时又带有挥之不去的恐惧，害怕事情突然发生逆转。她不敢期待过多，并且总是看到别人身上最好的一面，这让她颇受朋友喜爱，甚至一些点头之交也能感受到这一点。

《龙凤配》在美国强势上映，而且恰巧（更像是派拉蒙公司的刻意安排）在奥黛丽婚礼那天上映。从首映那天电影院外面排起的长队就可以看出公众有多么迫切地想一睹奥黛丽的风采。"这是几年来最欢快的爱情喜剧，"《纽约时报》的影评人波斯利·克洛瑟如此写道，他的影评读起来像是一封情书，"这个

她优雅但不刻板，高贵但不自负，有品位但不势利。

身材娇弱的年轻姑娘竟有如此丰富的表现力和灵动的表情。”如今“赫本形象”已经完全成型，尽管专栏作家多萝西·曼纳斯略带忧虑地指出：“第二次见到明眸皓齿的奥黛丽，我开始相信适合她的角色并不容易确定。她几乎和凯瑟琳·赫本一样优雅迷人，令人神魂颠倒……必须要非常认真选择她的角色。”

这话非常有道理。事实上，奥黛丽戏路较窄，很难饰演多种角色。好莱坞意识到奥黛丽是星光璀璨的演艺圈中不可多得的一颗新星。她不像那些战后年代以及 20 世纪 50 年代初期的顶级明星那样以性感或妩媚取胜，例如贝蒂·葛莱宝、丽塔·海沃斯、伊丽莎白·泰勒、拉娜·特纳以及随后成名的玛丽莲·梦露。她也不能饰演以黛比·雷诺兹和娜塔莉·伍德为代表的活泼调皮的美国少女。她不宜饰演“性感尤物”，也不适合“新潮少女”。从她的姿态、表情和说话腔调来看，她优雅但不刻板，高贵但不自负，有品位但不势

著名组照《跳跃》，1955 年。

利。她可以装作一个天真无邪的小孩，但很快她就证明在年长的男人世界里，她绝不是一个无助的孩子。她一直寻找自己的道路，明亮的大眼睛闪烁着好奇的光芒，而不是欲望之光。她向保守的美国人证明美德也能让人走向幸福的结局并能保持清纯不受污染。她看起来柔弱娇贵，但她像假小子般敏捷勇敢。正是这一点让她不同于莱斯利·卡伦这类外表坚强的女演员。卡伦总给

1955 年，罗马城外。

人能照顾好自己的印象，当然奥黛丽也能，但她的脆弱恰恰是她自我保护的武器。她似乎相信生活会自动施展其特殊的保护功能，像盾牌一样保护着她。

芭蕾舞训练让奥黛丽显得异常优雅。（25 岁的她已经不是一个孩子，但如果她愿意的话还可以扮作孩子。）她是“妈妈的乖乖女”，一直谨遵母亲对她的教诲：“站直，坐正，对喝酒和甜食要有节制。”但她也是“爸爸的乖乖女”，在年长的男人面前，她表现得像小女孩一样。在《罗马假日》中，当格里高利・派克假装他的手被称作“真言之口”的雕塑头像吞掉时，她又惊又喜地大叫道：“噢，你这讨厌鬼！”人们会感觉这是现实中奥黛丽的反应，就像是奥黛丽以为拍摄已经结束了，但惠勒仍然没有关闭摄影机拍下她的真实反应一样。美国评论家、女性主义者玛丽乔・罗森写道：“虽然身体柔弱纤细，她却能摆出女王的气势。面容小巧，大大的眼睛与表情中释放出的智慧力量形成鲜明对比。娇俏的鼻子和大嘴巴让她的笑容有时性感，有时顽皮，但绝对真诚。”

1955 年，罗马城外。

奥黛丽的个人特色如此鲜明，不能简单归为古典美人，后来证明这也是她的一种资本。明星们都非常注重他们的外表，能拥有一个一辈子专属于他们自己的独特外表，希望能立即被人记住。奥黛丽的“外表”很早就展现出其独特的一面，并一直保持其独特性。摄像师塞西尔・比顿用专业的眼光审视奥黛丽，并记下了她的特征：“大嘴巴，有蒙古人的扁平特征，深色眼眸，没有光泽的长指甲，轻盈的身材，长脖子，但也许她有点过于瘦弱……她的一切都很简单。”但她越来

热情、活泼、单纯的人。

越壮大的影迷团对她则有不同的看法：他们看到的是活力，就像理查德·史克尔所说的“热情、活泼、单纯的人”，并补充道：“她对自己十分严格。”

奥黛丽的说话语调和她的外形一样特点鲜明。“她的声音开始像歌咏般抑扬顿挫，进而平缓悠长，最后以孩童般疑问语气结尾，让人心都为之颤抖。”耳朵和眼睛一样敏锐的塞西尔·比顿如此写道。日后和她合作的一位导演斯坦利·多南评价说：“不仅电影中意她，电影声带也钟爱她。你不需要看到她，她的声音足够让你舒缓紧张的神经，从她嗓子中流淌出来的是天籁之声。她柔和的声音衬托了她独特但不迂腐的措辞，让她的语言像蜂蜜一样醇厚。甚至在黑暗中她也能吸引你。”

奥黛丽不仅可辨度高，也容易被模仿，至少有几个特征是这样。比如奥黛丽的眼睛，还有她红极一时的假小子发型尤其值得一提。原本假小子扮相第一次出现在莱斯利・卡伦身上，但自从《罗马假日》中奥黛丽扮演的安妮公主自由自在地甩着一头短发从理发店走出来时，这变成奥黛丽的专有形象了。当时的六名优秀摄影师在给她拍照片和剧照时一次次地重复这个“赫本表情”，直到它变成奥黛丽的一个标志性形象。很多女店员都去做这个发型。自 20 世纪 30 年代嘉宝的童花头之后，再也没有一种发型能如此快速迅猛地征服全世界了。

奥黛丽与纪梵希打造的时尚联盟给她贴上了一个新的身份标签：优雅简约，同时这个价格也没多少女性能负担得起。但这并无大碍。50 年代的明星们不再随意穿着，公众认为他们是特殊群体，应该穿着得体。雅致的穿着不仅体现了他们的身份还能显示其特殊性。奥黛丽的衣服永远简单大方，毫不奢侈庸俗。人们可以猜出她衣服的价格，因为都是出自纪梵希之手。但他的剪裁不仅极其符合她的身材，同时还展示了奥黛丽的鲜明个性。

在派拉蒙公司的公关部门以及全世界的记者和图片编辑自发的合力影响之下，奥黛丽的两部电影引起了人们对她的兴趣，并增强了人们对她下一部电影的期待。然而她自己却依然保持平静，她所居住的圣・安东尼奥别墅也依旧安宁。她和梅尔很快养了一群宠物：两只狗，六只猫，一只毛驴，还有一对看上去和这对新婚夫妇一样恩爱的扇尾鸽。一直对外保密怀孕消息的奥黛丽没有制订任何长期计划。公司内部的备忘录显示派拉蒙公司倒是焦虑不已。她的经纪人库尔特・弗林斯也并不急于签署任何合同，认为影片公司焦急之下一定会做出让步，提高片酬。

他们并非对所有生意上的事情都一概不谈。附近的邻居，卡罗・庞蒂和索菲娅·罗兰夫妇、迪诺·德·劳伦提斯和西尔瓦娜·曼加诺夫妇经常上门拜访。迈克尔·鲍威尔如此描述他们:“这两个意大利制片人能力非凡,无比狡猾,他们的妻子都美丽性感。”迪诺·德·劳伦提斯计划拍摄托尔斯泰的巨作《战争与和平》,并已经告诉梅尔他将是饰演安德烈公爵的最佳人选,当然影片中最重要的角色是女主人公娜塔莎。但这位狡猾的意大利制片人暗示他希望有更多的选择,尚未确定……还有时间……必须要有最合适的人选。到底谁会来演这个角色呢?他和梅尔、奥黛丽共进晚餐时常常说起他的困惑。很明显迪诺·德·劳伦提斯知道有时候旁敲侧击更容易达到目的。如果迪诺·德·劳伦提斯想让奥黛丽来饰演娜塔莎,他会通过梅尔来将这个想法灌输进奥黛丽的大脑中。

1954 年的最后一天,奥黛丽和梅尔抵达伦敦,梅尔将开始拍摄《噢……罗莎琳达》。他们带着为对方准备的圣诞礼物,妻子送给丈夫的是一件黄色羊绒衫,丈夫送给妻子的是一件白色网眼刺绣礼服。他们在离奥黛丽母亲住所不远的南奥德利街租了一套公寓。就像在纽约一样,梅尔再次努力使奥黛丽与媒体保持距离。她欣然接受了这一切。对奥黛丽来说,分娩总是有很多问题:她的身材非常有魅力,但这样瘦弱的身材在怀孕期间要吃很多苦头。这几周她有时候会相当苦恼。而梅尔无疑希望她能避免不必要的压力。

然而一个令人心碎的意外出现了,让奥黛丽不得不尽快回到工作中去:她流产了。奥黛丽一心想要建立一个家庭,在充满爱与安定的环境(这是她自己被战争和父母离异打断的童年从未体会的)中抚养一个孩子,这次意外对她来说是一个沉重的打击。此时她的信念在她最需要的时候拯救了她。她没有沉醉于缅怀过去,而是一心扑在当下能做的事上——饰演文学史上一位伟大的女英雄:娜塔莎。

1955 年 3 月中旬,奥黛丽和梅尔回到瑞士,快到月底时,他们去了趟圣莫里兹,在那儿接到迪诺·德·劳伦提斯的电话。迪诺说起已经答应拍摄《战争与和平》的美国导演："金·维多一心想要奥黛丽饰演娜塔莎，你知道我一直想让你出演安德烈公爵。"梅尔肯定意识到了他的说话技巧，但他也丝毫不逊色。尽管他和奥黛丽急需新的资金，但他并没有表现出一丝想要抓住劳伦提斯"暗示"的迫切感。这位意大利制片人了解到尽管奥黛丽和梅尔希望能够一起工作，拍摄迪诺·德·劳伦提斯的电影是最好的选择，但他们还是得慎重考虑这个提案。这是一部宏伟的影片，将会给奥黛丽带来巨大压力，特别是她刚刚流产，不能急于做出决定。迪诺·德·劳伦提斯表示理解，他明白梅尔的言外之意。他猜测，也许梅尔一放下电话就会打电话指示好莱坞的库尔特·弗林斯：签约时间已到。

库尔特·弗林斯匆忙赶到欧洲。1955 年 4 月初，迪诺·德·劳伦提斯、弗林斯、金·维多以及梅尔和奥黛丽都聚集在科莫湖边上的一家酒店。维多向梅尔和奥黛丽介绍了他对这部电影的看法以及他们各自的角色，尤其关于娜塔莎的角色。之后奥黛丽、梅尔和库尔特·弗林斯上了一辆豪华轿车，他们一边讨论着维多的见解，一边悠闲地沿着湖边行驶。与此同时，维多和迪诺·德·劳伦提斯也上了另一辆豪华轿车，急躁地跟在后面，但仍谨慎地保持一定距离。尾随了几英里之后，库尔特乘坐的车发出一个信号，两辆车都停了下来。之后，库尔特上了迪诺·德·劳伦提斯的车，想必是去传达他的客户的原则协议，同时听一听制片人对片酬的详细提议，而维多则上了奥黛丽和梅尔的车。最后在迪诺·德·劳伦提斯所在的汽车发出的胜利鸣笛声中，双方达成了协议。库尔特·弗林斯当时一定有种胜利的满足感。

他刚签署的协议让奥黛丽成为电影界片酬最高的演员之一。奥黛丽工作十二周将得到 35 万美元（相当于 12.5 万英镑）；另外每周有 500 美元（180 英镑）津贴（按天计算），如果拍片延期，每周还另有 27500 美元（近 10000 英镑）的片酬。为了防止延期，公司将为她安排一辆专车并配有专门司机 24 小时待命。并且，她还享有决定编剧、演员、灯光师以及化妆师的权力。

她说如果工作让他们分开过久，她会把婚姻放在事业前面。

从某种程度上来说，爱情影响了奥黛丽·赫本和梅尔之间的工作关系。他们下定决心，尽可能不让电影拍摄工作让他们分开。他们也许会出演同一部电影，如果不能够实现的话，他们会找一些拍摄地点比较近的影片。"我们害怕分离，"梅尔声称，"看看两地分离影响了多少好莱坞明星的婚姻。"

尽管梅尔不断做出辩解，但关于他控制奥黛丽的谣言还是坚不可摧。为了辩解，奥黛丽不得不为《电影故事》做了一次题为"丈夫没有控制我"的专访。她说如果工作让他们分开过久，她会把婚姻放在事业前面。奥黛丽一如既往地展现了她实用主义者的一面："我认为在这种情况下我们很难做好任何事情，我们会感到不安。"

1955 年,《战争与和平》剧照。

漂亮脸蛋

奥黛丽是最善良的“老板”，几乎从不滥用职权，只是希望能够提出建议或警告，这都在《战争与和平》诸多合同条款里体现出来。“我从没意识到有这么多事情会出错，”她读了一遍合同后说道。直到她开始行使她被赋予的权利时才意识到，要实现当初希望的自己和电影本身的最大利益非常困难。第一个考验很快出现：选择饰演剧中搭档皮埃尔・别祖霍夫的演员。

皮埃尔是一位俄国贵族的私生子，他是托尔斯泰的代言人，代表了理智、智慧与和平精神。近视眼的他性情温和，有些笨拙，心地善良，经常含糊其词。几乎没有哪个好莱坞明星能兼具通达人情但又明显胆怯的性格。但奥黛丽知道谁最适合这个角色：皮特・乌斯蒂诺夫。尽管一提到这个英国演员的名字迪诺・德・劳伦提斯就皱起眉头表示不同意，奥黛丽仍然强烈推荐他。并不是说迪诺・德・劳伦提斯认为这是个糟糕的选择，恰恰相反，乌斯蒂诺夫有学识修养，而且凭借在《暴君焚城录》中饰演的尼禄为饰演的人物增添了难能可贵的深意。“但是，奥

左：亨利·方达
演皮埃尔，右：奥
丽饰演娜塔莎。

黛丽，"迪诺·德·劳伦提斯说，"他的名气没法和你相提并论。"托尔斯泰能够让笔下的娜塔莎被一个完全配不上她的人吸引，但好莱坞却不敢冒这样的风险。让戴着眼镜的皮埃尔出现在一群英勇好战的男人当中已经够糟糕了。迪诺·德·劳伦提斯坚持用性感来弥补皮埃尔的书生气与近视眼，强烈推荐格里高利·派克。

这让奥黛丽陷入了一个进退两难的境地：这也可能是迪诺·德·劳伦提斯的有意安排。派克与奥黛丽搭档出演《罗马假日》时，曾慷慨地让奥黛丽与他平起平坐，现在奥黛丽怎会不乐意和他再次合作呢？但是当时的格里高利·派克已片约在身。后来迪诺·德·劳伦提斯选择了前往好莱坞去接"他的"皮尔埃，也就是亨利·方达。奥黛丽同意选择方达来饰演这个角色——毫无疑问，梅尔也同意。

奥黛丽为了饰演娜塔莎，特意去学习了19世纪早期莫斯科宫廷宴会上表演的复杂舞蹈。

奥黛丽利用合同赋予她的权力来确保她的银幕形象，自己决定剧照、妆容与服饰，这也立即取得了成功。她一开始选择了《罗马假日》摄影师之一、澳大利亚摄影师弗兰克·普兰纳来拍摄该片，但弗兰克没有档期。她后来又邀请与梅尔夫妇关系密切的著名彩色摄影师杰克·卡迪夫。奥黛丽还选了一对夫妇组合：阿尔贝特·罗西和格拉齐亚，担任她的化妆师和发型师。夫妻俩不仅在这部影片中帮了她大忙，在接下来的几部影片中均有合作。每一位大明星都爱用熟悉的工作人员来确保一种熟悉的安全感，她也形成了固定的伙伴团队。她还请纪梵希来设计娜塔莎的服装，但他谢绝了，因为他刚刚成为现代时尚圈的领军人物，担心设计特定年代的服饰会削弱自己的名气。尽管如此，他还是在该片拍摄期间几次飞往罗马，为奥黛丽挑选布料和颜色，检查服装是否适合奥黛丽。

黛丽赋予娜塔莎的是她不需刻意就能表现出的自身具有的品质——宁静的光辉。
黛丽尽管怕马，但她狠下心去学习，最后能像贵族女孩一样优雅地骑在俄罗斯纯种小马驹上。

为了符合那个年代的真实性，奥黛丽不得不放弃她标志性的发型。这让一些专栏作家倍感遗憾，他们认为奥黛丽自拍摄《龙凤配》以后“成熟”得太快了，尽管在《战争与和平》拍摄准备期间她已经庆祝了25岁生日，他们更希望看到她能够长时间在银幕上保持少女形象。事实上，摄像机下的奥黛丽比她真实年龄要年轻得多。所幸的是娜塔莎在故事开始时才刚满15岁（电影剧本谨慎地将她的年龄增加了一两岁）。令人惊讶的是，这部伟大的俄国小说中女主人公除了年龄，她的外貌、性格和奥黛丽·赫本很相像：“黑眼睛，大嘴巴，不漂亮但充满活力，像孩子一样奔跑时露出肩膀，胸部上下起伏，黑色的鬈发在背后飞舞……当女孩不再是孩子，但也未长成年轻女人之时，她更具魅力。”

“很可爱，非常有活力，认识她是一种新的乐趣，”英国作家E·M·福斯特曾经如此评价娜塔莎；如果他认识奥黛丽，他应该也会有相同的想法。1955年春末，金·维多搬去罗马准备一个剧本，说道：“奥黛丽就是娜塔莎，她就是活生生从书中走出来的形象。”如果仅有外表上的相似，那么外表和性格都相似更完美了。可惜事实并非如此。

当时正值罗马高温湿热的夏季，奥黛丽开始了在电影城工作室试装与试镜工作。为了向耗资600万修建这个工作室的企业家致敬，电影城工作室又称“迪诺西塔”。当时空调还是相当罕见的，在这种高温潮湿的环境下，奥黛丽需要拿出所有的奉献精神。奥黛丽和梅尔再次在阿尔巴诺丘陵上的山庄租了一套别墅，从这里到工作室有将近一个小时车程。工作结束后回到山庄，宁静和隐幽的环境让他们有种再度蜜月的感觉，只有特许或者权威的报社记者才有权登门拜访。其中一个就是卢埃拉·帕森斯。奥黛丽摘了一些野生的和栽培的夏季花朵做成一些小花束，送到帕森斯入住的洛杉矶怡东酒店的作家套房，令她开心不已。作为回报，卢埃拉报道称奥黛丽非常幸福，“谈话时奥黛丽都不自觉地伸手去轻拍梅尔的手。”尽管并非本意，卢埃拉的报道还是透露出明星光环给他们带来了压力，但这份压力也许还没波及他们的婚姻生活。

他们一再强调不让工作分开彼此，因此现在不得不提前几个月安排工作行程。他们待签署的合同堆积如山，而手头也还有一些尚未完成的合约。在《战争与和平》还没开拍之前，奥黛丽就接到邀请，和加里·库伯以及莫里斯·切瓦利亚一同拍摄喜剧《艾莲》(后改名为《黄昏之恋》)，这部戏将由比利·怀尔德导演，一年后在巴黎开拍。由于不想和梅尔分开，在梅尔没有找到合适的片子之前，奥黛丽迟迟没有接受这份邀请。所幸梅尔最后在让·雷诺阿的喜剧《多情公主》里找到了一个角色，该剧将和《黄昏之恋》同期在巴黎拍摄。他们“相聚是幸福”的信念这才得以坚持。

奥黛丽在《战争与和平》中的拍摄工作远远超过了合同中规定的 12 个星期，超时工作让她大赚了一笔，但这是以她的健康和精力为代价的。她是一个不知疲倦的学生，学习一切饰演娜塔莎这个角色所需要的技能。尽管怕马，但她狠下心去学习，最后能像贵族女孩一样优雅地骑在俄罗斯纯种小马驹上。为了拍出俄国贵族在官邸大厅中跳舞的场景，她特意去学习了 19 世纪早期莫斯科宫廷宴会上表演的复杂舞蹈。她在众多戏服店中连续站几个小时不停试穿，只为找到风格像她曾祖母那个年代出席荷兰皇家宴会时所穿的服装。

在电影史诗中，制作设计往往比角色更丰满全面。奥黛丽赋予娜塔莎的是她不需刻意就能表现出的自身具有的品质——宁静的光辉。饰演这个角色她除了有一点外形优势，更多的要靠自己揣摩和领悟。金·维多在将托尔斯泰的小说搬上银幕时有点学究，没有加入过多创作灵感。“当然，把整本书都囊括进来的想法很有诱惑，”他在写给小说家欧文·肖的信中说道，据称后者最后与另外五位作家一起将托尔斯泰的这部情节错综复杂的小说精简成一个清晰明了、过于简化的叙述。南加州大学档案馆收藏了维多的两卷《战争与和平》的复印本，他将主要事件在每页的底部标注出来，明显希望这些事件最后都能融入剧本中，尽管结果表明他的这种期望是错误的。然而，他省略的内容比他选入剧本的内容对影片的负面影响更大，而奥黛丽是最大受害者。电影没有反映出小说中的重大转变对娜塔莎的影响，比如战争，死亡，瘟疫，贫困和毁灭，及这些如何锻炼了她生存的决心，磨炼了她的意志，让她在实现幸福生活之前饱尝世间百态，历经幸福和愚昧、毁灭和修复。

这样的转变对于这个阶段的奥黛丽来说会不会要求过高？也许如此，但维多却没有给她机会让她看看她能否更好地发挥。在影片中她展现了最可爱的一面，但是任何女演员，无论多么伟大，都需要在有着多年经验累积的导演的指导下深化人物性格，而她没有得到这样的指导。在这两个条件同时缺乏的情况下，奥黛丽只能依靠简单的纯真。从维多的笔记以及他写给欧文·肖的信件中可以看出他对奥黛丽自身的魅力非常着迷，他不愿意让娜塔莎“成

奥黛丽饰演的娜塔莎有着
无法抗拒的魅力。拥抱奥
就像“拥春天入怀”一样。

长”起来。他在写给肖的信件中写道，他意识到从理智上来说故事的主线是围绕“娜塔莎的成熟……她是故事的生命或灵魂，在故事中永远鲜活、不朽。”这话没错，但是不朽的伟大人物总是缺乏常人的情趣。

维多状态不佳的时候似乎从《乱世佳人》中找到一些灵感。迪诺·德·劳伦提斯自然对此没有任何异议，但这对奥黛丽却并无益处。她并不是费雯丽那种执着的女演员。费雯丽有时候做事不太考虑后果，这恰好符合斯嘉丽·奥哈拉的性格。奥黛丽需要细微的指导来表现她从未经历过的情感体验，但无法从维多那儿得到帮助。

奥黛丽饰演的娜塔莎有着令人无法抗拒的魅力。安德烈公爵对她的描述非常贴切：拥抱奥黛丽就像“拥春天入怀”一样。梅尔饰演的安德烈公爵英俊潇洒，他的演技相当纯熟，但不知为何显得有点儿机械。可惜的是，对于奥黛丽饰演的角色以及整部电影来说，她的秋天和冬天未能表现出来。

所幸的是奥黛丽并未受到恶意评论，大多数评论还是谦恭有礼的。但英国评论家保罗·戴恩给出了最严厉的责难，他声称“她漂亮的脸蛋以及一对带有俄国人特征的大眼睛并不能清晰地表现出娜塔莎的成长转变”。迪斯利·鲍威尔也认为电影中娜塔莎并没有“成熟”，但又不无同情地说尽管不可否认这个缺点，但奥黛丽的表演似乎让人觉得“这个可怜的姑娘像某种葡萄酒或奶酪”。C·A·李杰尼的评论则褒贬相结合，认为“尽管演得不符合当时的时代”，她是“一个迷人的小傻瓜”。曾经抱怨奥黛丽在最宝贵的青春岁月放弃饰演那些柔弱可怜角色的评论家们如今又抱怨她不够成熟。

如果维多在把小说改拍成电影时能更大胆，更富有想象力，那么奥黛丽的成就是无人能想象的。1955 年，维多已经 61 岁，早已不像 20 年代拍摄《大游行》时那么才华横溢，也没有了最近拍摄《太阳浴血记》的十足信心。他对人情世故缺乏了解，对历史的把握不够精准，无法挖掘更深刻的东西。当题材需要新的叙述概念时他却使用了已经过时的好莱坞表现手法。奥黛丽非常适合前者，电影中的最大败笔是她饰演的角色戏剧性的插曲，这让她的缺点暴露无遗：娜塔莎被时髦的无赖军官（维多里奥·加斯曼饰）勾引，一时的不忠让她的名声毁于一旦，并因此失去了安德烈公爵的爱。由于奥黛丽已经将托尔斯泰的女主角的形象定位成纯真少女，在她准备与人私奔时却必须给人一种没心没肺、冷酷无情的感觉，这听起来很不真实，表演差强人意。

维多的信件透露出他意识到了这个问题，并差不多接受了外界的批评。他写信给欧文·肖说："我让妻子读了这段插曲，她一上午都在说我毁了娜塔莎的形象。"不得不承认，奥黛丽的经验不足更是错上加错。尽管《战争与和平》票房惨淡，盈利目标还任重道远，但维多从来没有停止对奥黛丽的钟爱。用维多的话来说，她仍然是一个"深得导演喜爱"的演员。在题为《电影制作》的回忆录中（这本回忆录透露出他是一个富有天赋的插图画家，而不是一个概念派艺术家），他突然写道："每当我被问到最为尴尬的问题——'在你执导的所有影片中谁是你最喜爱的女演员'时，有一个人总会立刻浮现在我脑中。"

在看到关于奥黛丽的评论被证明不完全正确，或至少不那么可靠时，维多颇感满意。尽管他一直坚信她"在我眼中是完美的"，他也不无担心，"她可能达不到俄国人对这个角色的期望。"但当1966年俄国人自己拍摄的《战争与和平》（由谢尔盖·邦达尔丘克执导）时，维多有点沾沾自喜地说："他们的女主角（柳德米拉·萨韦利耶夫）和奥黛丽完全是同一类型的演员。"

《甜姐儿》

奥黛丽意识到一个演员取得个人成功之后，团队保障必须同时加强。如今她已经有挑选顶级导演、编剧、灯光师、摄影师和化妆师的权利，或者说至少在这方面有发言权。库尔特·弗林斯负责让她的片酬与日俱增，她的身价也得到了保障。而这一切都必须有良好的公共关系才能得到保障。帅气文雅的欧化美国人亨利·罗杰斯接过了公关师这个角色。接下来的十年中，奥黛丽决定其每一个访谈，每一次公开露面，以及每一个关于工作计划或个人生活的声明（这种声明很少）都要事先经过罗杰斯的细致审查。他为奥黛丽在婚后以及在电影事业节节高升之后的处世之道提供了一些有趣的线索。

“奥黛丽善于和人很快建立起友谊，”罗杰斯回忆道，“我们一见面，她就用友情拉近了工作上的关系。”罗杰斯和妻子萝丝来到罗马。“当我们的车子刚开进他们山庄别墅的车道时，她已经在那等我们了，”罗杰斯说，“给人感觉她已经等了一个小时以防我们错过拐弯的地方似的——很有可能她真的等了一个小时。我永远不会忘记她给我

丽善于和人
建立起友谊。

们的印象：黑色宽松裤，黑色高领毛衣，脸上带着你见过的最灿烂的笑容，像正在做有氧运动的人一样展开双臂。她没有像一般生意人一样和我握手，而是拥抱了我。‘非常高兴你们来我家。’我注意到她没有说‘为我工作’。”受到像她这样的好莱坞明星如此真诚的问候，罗杰斯夫妇像先前的欧内斯特·莱曼一样感到很不习惯。“但奥黛丽从来都不是真正的‘好莱坞风格’。”他想了想说。

晚饭闲谈后，话题转到未来的计划上：还要拍什么电影？这时候奥黛丽已经拍完《战争与和平》的主要场景，各大制片人又开始邀请她随时拍电影——“随时”就是说只要她和派拉蒙公司同意了，就可以开始拍摄。她告诉库尔特·弗林斯和亨利·罗杰斯，她想拍一些轻松的现代电影，能与《战争与和平》这样的历史片形成鲜明对比，想拍那种“在片中感觉像是在没完没了地为听歌剧穿衣打扮”的电影，她告诉亨利和萝丝夫妇自己的人生哲学：“不要活在当下，那样太过物质，要珍惜当下。我发现很多人都只是活在表层，没有意识到活着是件多么美妙的事情。”罗杰斯心事重重地回到了好莱坞，他们要将现实与理想结合起来，但似乎自相矛盾。奥黛丽能够鱼与熊掌兼得吗？

似乎她能够二者兼得。一系列在电影界稀松平常的机缘巧合很快地给了她一个好机会，让她能够以最温暖、最迷人的方式保持她超凡脱俗的银幕形象，同时又能收获丰厚的物质回报。

《甜姐儿》(也可译为《滑稽面孔》)最初是利奥纳德·盖希创作的一部未上演的舞台剧《婚礼纪念日》，讲述的是格林威治村一家书店的女店员被一家时尚杂志的时装摄影师看上并培养成模特的故事。像伊莱莎·杜利特尔一样，经过教导之后她与之前的自己判若两人。这个女孩感觉她的皮格马利翁式的导师并不赏识自己，而反过来摄影师没有意识到自己已经对她产生了一种工作之外的感情，那就是爱情。盖希想把戏剧拍成一部音乐剧，采用当初的乐谱，但是采用完全现代化的音调和表现手法。他还创作了歌词，弗农·杜克为

奥黛丽回忆起看完《甜姐儿》的剧本时说："我是在巴黎读到剧本的，我立刻就爱上这部戏。故事很迷人，最棒的是可以跟阿斯泰尔一起跳舞。"

命运之神已经为他们选定了奥黛丽。

之配曲，米高梅电影制作公司的亚瑟·弗雷制作团队中最有才华的音乐剧编曲兼制作罗杰·伊登斯对此赞不绝口。伊登斯的称赞吸引了导演斯坦利·多南对这部音乐剧的兴趣。

“利奥纳德念剧本给我听，”多南说，“读到摄影师在暗室中冲洗他为格林威治村女孩拍的照片的这个场景，摄影师将湿漉漉仍在滴水的照片高高举起，让女孩看一看。然后她说道，‘噢，天！你不可能把我变成模特的。我的脸太滑稽了’。”

“斯坦利和我互相使了个眼色，”盖希回忆说，“同时他叫道，‘多棒的歌曲线索啊！’我大喊‘盖希文！’我们立刻停止手上活儿，翻出乔治·盖希文和艾拉·盖希文1927年为百老汇音乐剧《滑稽面孔》创作的歌曲。”

“我们发现这些曲子就像是为我们创作的新场景量身定做的一样，”多南继续说，“书店里来了一群老于世故的城里人之后，女店员发现自己十分向往他们的迷人世界，于是《这样多久了？》成为她独自神伤时哼唱的歌曲。”

盖希补充道：“《让我们言归于好》非常适合一个争吵的场景。可能最令人愉悦的发现是最后两个相爱的人共同演唱《如此美好》，这首歌可以作为整个故事的深情总结。”

简单来说，有了这些歌曲，整部剧不需要过多解释性的对话台词，大大减轻了编剧负担，因为将人物置身于这些旋律中，任何事情都有可能发生。在伊登斯和多南手里，整个剧发生了实质性的改变，战后好莱坞最具创新力的音乐剧已初见端倪。接下来便是拍摄的问题了。制片人仍在苦苦找寻合适的女演员，而让他们想不到的是，命运之神已经为他们选定了奥黛丽。

伊登斯和多南极力建议向派拉蒙公司借用奥黛丽。“如果在《战争与和平》之后她需要转型，”多南回忆起他们当年的说法，“这部愉快的音乐剧就是最好的选择，她一定也会这么认为。我们给她寄了剧本，3天之后她同意了。”

迄今为止在奥黛丽拍摄的每一部美国电影中她的男搭档都已功成名就，

例如派克、霍尔登、鲍嘉和方达。他们的名气从未影响过她：她在镜头面前与他们同样闪耀，有时候甚至比他们还要大放光彩，就好像她是被一个舞台魔术师变出来的一样。而在《甜姐儿》中她的男搭档不仅仅是小有名气那么简单。弗雷德·阿斯泰尔是个传奇人物。“同弗雷德·阿斯泰尔一起拍摄音乐剧是我一生的梦想，现在已经触手可及。”她从巴黎打电话给卢埃拉·帕森斯说道，当时她正在巴黎接受舞蹈训练，2 月中旬她就要去好莱坞排练录音。

“她没有说的是，”多南说，“她内心十分恐慌。”

在想到要与弗雷德·阿斯泰尔共舞的激动渐渐淡去之后，忧虑袭上心头。“她的担忧可以理解。巴兰钦和杰罗姆·罗宾斯认为阿斯泰尔是 20 世纪最优秀的舞者，巴雷什尼科夫也持相同观点。对舞蹈稍有了解的人都会有此担忧。”而奥黛丽不知道的是，阿斯泰尔对和奥黛丽同台演出也是担忧不已。但是多南知道，“她之前的几部电影使他赞叹不已。但他已经 57 岁了，比奥黛丽大 30 岁，他也许觉得自己太老了。”但后来证明他们的担忧都是多余的。他们这对年轻姑娘与年长导师的组合只会让人觉得浪漫，但又与情欲无关。他们之间的互相吸引只是建立在指导关系上，而不含引诱因素。阿斯泰尔饰演的理查德·艾弗里以著名摄影师理查德·埃夫登（利奥纳德·盖希在美国海军陆战队时的好友）为原型。在冲洗照片的暗房中他熟练的操作正好与编排时设计的引导奥黛丽跳舞时的精确舞步遥相呼应。在情感方面，奥黛丽饰演的角色引领这个年长的男人跳出一种不同风格但依旧迷人的舞蹈。

时隔 25 年后，82 岁的阿斯泰尔荣获美国电影学会颁发的终身成就奖，当奥黛丽将该奖颁给他时，回忆了当初他们在派拉蒙排练舞台上第一次见面的情景。阿斯泰尔温文尔雅，带着淡定自若的表情，优雅的舞步也表现出乐观情绪：黄色衬衫，灰色休闲裤，腰间系着一条红色领带当作腰带，粉色短袜，锃亮的黑皮鞋。

“我感觉自己突然像灌了铅一样，”奥黛丽回忆道，“心情极度紧张。突然，一只手揽住了我的腰，弗雷德用他独特优雅轻盈的方式带着我翩翩起舞。所有女性在生命中的某些时刻都有和弗雷德·阿斯泰尔跳一次舞的梦想，而我享受了这种激动人心的体验。”

每天早上奥黛丽都要去罗杰·伊登斯的办公室报到，在钢琴伴奏下进行歌曲排练。之后她要去斯坦利·多南的拍摄片场。在这之后，她还要穿过彩排大厅去排练舞步。他们花了一个礼拜的时间来录制歌曲，考虑到他们复杂的安排以及多南、伊登斯及其团队制订的严格计划，一周时间相当短。第一支歌曲《你好巴黎》的技巧难度最大。在这首歌中奥黛丽、阿斯泰尔和扮演严肃时尚杂志编辑的凯·汤普森同时到达巴黎机场，然后各自去探寻巴黎风情。他们每一个人都会在巴黎的典型建筑物前拍照片，有时候他们的照片独自出现在屏幕上，有时是 3 人的照片同时出现在屏幕上，最后他们不约而同地在埃菲尔铁塔的观景台上相遇。他们曾经发誓不到此处，因为这里游客太多。这首歌曲时长恰好 5 分钟，共有 518 句歌词，在这个片段中总共剪接了 38 个巴黎场景。

所有的这些歌曲需要在好莱坞五十多位音乐家组成的管弦乐队前面排练并完成录制，然后再返回巴黎录制歌曲的表演动作。罗杰·伊登斯极其紧张："即使对老练的音乐家来说，反复录音也是个伤脑筋的活儿。我担心奥黛丽受不了。"多南现在也忧心忡忡，但他担心的是另一件事："虽说弗雷德是个优秀舞者，但乔治·盖世文、埃尔文·贝林、科尔·波特等人都相信他能够将他们的歌曲演唱得更好。我对自己说，'哦，天哪！奥黛丽的表现能和他相配吗？'她对此紧张不安，弗雷德也很担心。头三四次录制的时候她总是漏掉一个音符，我们不得不一次又一次停下来重录。专业歌手遇到这种情况也会卡壳。弗雷德看得出奥黛丽一次比一次更慌张了。他并没有停下来，而是突然唱错了一个音符，明显他是故意这么做的，然后说，'慢着，慢着……我唱错了。非常抱歉，奥黛丽。'这是一个老套的小策略，毫无疑问奥黛丽心知肚明，但它确实缓解了紧张气氛，让我们知道每个人都会犯错。之后的录制工作一帆风顺，至少大体上是顺利的。"

在派拉蒙拍摄内景之前奥黛丽曾向多南坦白了一件事，她发誓她从未告诉过别人这件事，多南意识到这是奥黛丽对他的信任。多南回忆说他当时引用了乔治·伯恩斯的一句调侃："表演就是说真话。如果你能成功假装你在说真话，那么你就成功了。"多南说："奥黛丽却拒绝假装。她知道自己必须先体会要在镜头前表演的情感，这种要求很高，她只能表演一次，她自己最满意的也只有一次。她告诉我重复表演一种情绪对她来说是行不通的。重录只会更糟糕。"通常导演会先拍一个场景的总体视图，称作"主镜头"，之后有必要的话再拍中景镜头或特写镜头。"奥黛丽问我能不能按照相反的程序拍摄，先拍特写镜头，这样她拍出来的效果更好。这可给我们出了难题，因为我们要事先安排好主镜头需要的所有动作细节和灯光效果，然后再撤掉一切来拍奥黛丽的特写镜头。但如果这样做她的表演效果更好的话，我没有异议。"奥黛丽能够勇敢坦白自己的焦虑，这让多南对她更加敬佩。以他的经验来看，大多数演员一生都会掩饰，拒不承认他们的缺点。

还有一个令人担忧的状况出现了：奥黛丽有轻微的眩晕症。她与阿斯泰尔的第一场戏是在书店里，他和一群叽叽喳喳的漂亮模特来到书店拍照。不耐烦的阿斯泰尔不经意将一个挡道的梯子推开，梯子顺着书架滑过去，而奥黛丽正好坐在梯子上，真被吓得发抖。梯子事先是安装在滑道中，并且还有隐形绳索将梯子固定住，这样奥黛丽才能安心拍摄。尽管如此，当阿斯泰尔晃动梯子制造出登船时那种摇晃感时，奥黛丽的惊慌表情更像是她真实感受，而不像

奥黛丽很了解自己——不论是优缺点，她都坦然处之。

表演出来的。

理查德·埃夫登担任这部影片的色彩顾问。他最巧妙的一个设计是将一顶草帽加上长长的飘纱，这给奥黛丽在《甜姐儿》的第一个场景增添了童话般的光环，多南也欣然接受了他的设计。这顶草帽是阿斯泰尔的模特们在拍摄结束后遗忘在书店的，等他们离开后，奥黛丽捡起草帽跳起舞来。奥黛丽完全着迷了，好像她是在搂着一个舞伴在起舞。雪纺面纱的虚无缥缈之感营造了奥黛丽对发生在自己身上的这一切有种难以置信的感觉。这是这部影片中最简单可爱的场景之一。

多南记得他和奥黛丽只有一次意见不一，“这次少有的摩擦”说明奥黛丽对细节的观察力和导演一样敏锐。奥黛丽对任何在她看来“不对头”的事情总要再三自我省查。“有一个舞蹈片段，她需要穿一套黑色服装，毛衣、裤子和鞋子全是黑色。你知道，黑色是电影中巴黎时尚人士崇尚的传统颜色，这是对当时风靡一时的‘存在主义者’的讽刺。但我希望奥黛丽在这种全黑装扮下穿一双白袜子，这样能将观众的眼球吸引到她的舞步上来。但她听不进这样的解释，她当时惊呆了，认为这会毁了这套服装，分散观众对整个场景的注意，并会毁了整个舞蹈的完整性，甚至还有可能会毁了整部电影……都是因为这一抹白色！”

他们让奥黛丽穿上白色袜子和不穿白色袜子跳这段舞蹈，做了两次试拍。但他们仍然不能达成统一意见。“当你处在这种僵局时，”多南说道，“只有一个解决办法。就在我们真正拍摄之前，我去了奥黛丽的化妆间。她当时十分紧张，在胡思乱想接下来可能会发生的事情。我命令她必须穿白袜子，她的眼泪都快掉出来了，镜头之外的她看起来糟糕透了。拍摄她独舞的这四天她都

“你让我的生命如此
你不能怪我如此多

乖乖听从指挥，像只挨了打的小猫。但她从来不会违抗导演的命令，也不会摆出一副“不合作”的样子。在镜头前你完全看不出她内心的真实想法。她一直什么都没说，直到看粗剪片段时她递给我一张纸条，上面写道："关于袜子你的想法是正确的。"这个风波到此就结束了。奥黛丽着实令人尊敬。她一直做好至死捍卫个人立场的准备，因为她知道为了实现目标她付出了多少汗水，但她从来不会过分偏执于自己的观点。

1956 年 4 月，《甜姐儿》剧组前往巴黎进行主要的外景拍摄工作。奥黛丽和梅尔入住拉斐尔酒店，接下来的几个月他们都将住在这里。梅尔即将开始拍摄让・雷阿诺的电影。

亨利・罗杰斯聘请了自由撰稿人玛格丽特・加德纳去采访奥黛丽："他要求我尽可能多写几篇文章，因为奥黛丽不可能接受第二家杂志的采访。"

玛格丽特・加德纳认为奥黛丽是个能干的女人，能修保险丝，能给新洗衣机装水龙头，还会修理一些机器部件，有一次，奥黛丽修好了在采访中途坏了的磁带录音机。重新布置她入住的酒店套房不仅是件乐事也能令她感到安慰。加德纳回忆起奥黛丽能够在采访时巧妙地转移话题，还举例说奥黛丽在修改新闻稿时极度细心。“她坚持细节，注重事实的准确性。如果有必要的话，她甚至会修改草稿上的拼写。”‘研读（pored over）剧本’这个短语仅仅多了一个字母 u（poured over），奥黛丽能很快修改过来（很多母语是英语的人可能都发现不了这样的错误）。“她拥有她的照片以及报道文章的否决权，”加德纳说道，“她会行使这种否决权。”她不会在拍片现场接受采访，这么做并不是装腔作势，而是为了避免在拍摄时分散自己的注意力。“我从没听过

《甜姐儿》中最吸引人的一组镜头。

她说一句粗话，或公开批评别人。”玛格丽特·加德纳说道。

1956 年，巴黎的春季格外寒冷多雨。奥黛丽充分利用了因天气原因浪费的时间。只要下雨没法拍摄时，她就赶去巴黎歌剧院芭蕾舞团工作室练习电影里的舞蹈。如果奥黛丽不能做到毫秒不差地安排时间，这部电影不可能这么成功。有一段舞蹈是在塞纳河的一个码头上录制的，以巴黎大皇宫为背景，她必须严格按照编排的舞步来跳，对口型演唱之前录制好的歌曲，并且当临时演员在岸上大喊“你好”时，她要能够分毫不差地和他们以及大皇宫同时出现在一个镜头中。

《甜姐儿》中最吸引人的片段是一系列服装秀，每一组镜头最后定格在奥黛丽在巴黎的火车站、花市、卢浮宫等各地穿着纪梵希不同款式的衣服给阿斯泰尔做模特，而阿斯泰尔则按照理查德·埃夫登教给他的摄影技巧给奥黛丽拍照。这些定格照片都是抓拍奥黛丽展开双臂飞奔时的样子。奥黛丽越来越精通于“做模特”了，在最后一个镜头中，她从卢浮宫胜利女神像后面走出来，一路跑下阶梯，红色纱巾好似一双翅膀在她身后飘舞。这个镜头是她让阿斯泰尔按下快门的。“我非常害怕会摔断脖子，”她事后说，“高鞋跟，那么多台阶，纪梵希的拖地礼服……谢天谢地，弗雷德总算拍了一张……或者我指的是埃夫登？……还是斯坦利·多南？天，我忘了是谁拍的了！”巴黎的现实与影片虚幻效果已经和她融为一体了，这也是电影中呈现出来的样子。

镜头也记录了奥黛丽对阿斯泰尔的爱的宣言。他们拥抱在一起时，他听到她哼着《如此美妙》里的一句歌词：“你让我的生命如此美妙/ 你不能怪我如此多情。”语言代替了行动；情调填补了年龄鸿沟。奥黛丽选做电影宣传海报

《甜姐儿》中最吸引人的一组镜头。

的照片是埃夫登给她照的，出自暗房那一幕：艾弗里（阿斯泰尔），打开灯看奥黛丽照片时，由于曝光只显现了奥黛丽眼睛、鼻子和嘴唇的浪漫轮廓。从真正意义上来讲，这部电影就是一张张充满爱意、极其优雅的艺术照片。

拍摄付出的汗水极少在银幕上显现出来，影片中最浪漫的舞蹈片段也是最难拍摄的。在奥黛丽和弗雷德一起拍摄舞蹈片段之前，状况百出。拍摄地点是数月之前就选定的：靠近尚蒂伊的牧场上的一间狩猎小屋，他们特地将其改造成乡村教堂的模样，并在地上铺上了春季在温室里培育的青草。他们在这个溪水潺潺、野花遍野、天鹅信步的童话般的仙境里翩翩起舞。

剧组在这里布置灯光和摄像机时，忽然发现草地有些下陷。近期的雨水让整个草坪充水过多。奥黛丽和阿斯泰尔发现他们跳着华尔兹的时候常常会跳到光秃秃的地方，这些地面用绿色颜料伪装起来，在拍摄时经过模糊处理，但如果仔细看仍然能够看出端倪。“就好像在上坡路上跳舞一样，”奥黛丽说道。本应该是一段非常轻松的舞蹈，但他们不时会往下滑。阿斯泰尔十分喜欢奥黛丽，奥黛丽也很高兴能与阿斯泰尔共舞。两人的年龄虽然相差30岁，但这丝毫不影响他们之间的友情，赫本在晚年时还经常捧着阿斯泰尔的音乐集。

导演斯坦利·多南在接受采访时回忆说：“当时下了好几场雨，最后我们还是要跑到小岛上拍摄，这个岛其实是两条小溪间的一片草地。每个人都很紧张，奥黛丽突然说：‘我盼了20年要跟弗雷德·阿斯泰尔跳舞，可是换来了什么，一场泥泞？’”至于阿斯泰尔则说道：“这是我和伟大可爱的赫本合作的唯一机会了。”

压力重重

1956 年 7 月的第一周,《甜姐儿》的拍摄工作已进入尾声,但奥黛丽并没有假期可以期待。因为比利・怀尔德的电影《黄昏之恋》马上就要开拍了。她在布尔根施托克休息了不到一个周末就飞到伦敦去见朋友,然后匆忙赶回巴黎。

那时加里・库伯已 56 岁,看起来似乎还不止这个岁数。幸运的是,怀尔德也意识到如果他和合作者戴蒙德对剧本做些改动,沿袭 1936 年他们为刘别谦创作的剧本的风格,库伯严肃但不古板的喜剧表演天赋一定能大放光彩。在那个剧本里面,库伯饰演一个经历过七次婚姻的美国富豪追求克罗戴特・考尔伯特的爱情故事。就像她早期的电影一样,在《黄昏之恋》中,奥黛丽拒绝了追求她的情场浪子,直到他完全改头换面。但是在这部电影中,奥黛丽并不像考尔伯特一样发起强烈的爱情攻势,相反,怀尔德这部电影中的女主角是一个端庄大方、沉着冷静、自信满满的女学生。他坚信这一定能吸引观众眼球。

活泼的奥黛丽讲起话来滔滔不绝,她那椭圆的下巴微

的奥黛丽讲起话
滔不绝,她那椭圆
巴微微突出,仿佛
待爱情的到来,但
适时保持警惕。

微突出，仿佛在期待爱情的到来，但又能适时保持警惕。当然，库伯看出她所编造的青春爱情故事只是她魅力武器的一部分。他也暗中了解过这个女孩，但是这个阅历丰富的人却不知道这些小计谋正是她不经意地用来攻陷他的武器。她唤醒了他的男子气概，从而得到他的青睐，与此同时，她激发了他的优秀品格来保护自己，这产生了评论家所说的“就像小红帽杀死了大灰狼”，正如《罗马假日》里的格里高利·派克展现绅士风度、没有道破公主的破绽一样，在《黄昏之恋》中，奥黛丽对库伯了如指掌。如果我们愿意，或许我们能够相信情场浪子萌生爱意的结局。

拍电影可不像野餐那么容易，即使拍摄野餐场景也并非易事。影片中有一个场景是男女主角在谢弗勒斯河流的一个小岛上野餐。富豪雇了一个流动的管弦乐队，让小提琴家为他们演奏，为自己的魅力营造氛围。而这个野餐更像是一次考验。当天的拍摄首先因为八月的雾气而被推迟，还有个原因是让每个人都备受折磨的蚊子，甚至演奏者都能听到蚊子可恶的叫声。飞机的轰鸣声又使这个场景不得不一遍又一遍地重拍。当库伯第四、第五次打开香槟酒的瓶塞时，他戏谑道：“从来没有经历过如此一波三折的情场。”奥黛丽不得不再拿起一根鸡腿吃，心里希望外景拍摄的厨师能注意到她的请求：少放大蒜。

在拍摄《黄昏之恋》期间，奥黛丽的精神状态不佳。由于当时梅尔和皮埃尔·安杰利在法国南部拍戏，不在她的身边，这让她更加明白自己对梅尔是多么的依赖。即使周围都是她熟悉的东西，但没有了梅尔的身影，拉斐尔酒店的

昏之恋》剧照，1957 年。

《黄昏之恋》剧照，1957 年。

套房内似乎还是空荡荡的。梅尔会给远在美国西岸的弗林斯打电话，他们会在电话里长时间讨论将要主演或者执导的电影；梅尔会向出版商打探自己读过的书的版权问题，也会询问导演关于奥黛丽和自己拍戏的事情；或者随便找个通讯簿中的电话与人闲聊，反正他精通多国语言，这些通讯簿就像巴黎的电话簿一样厚。离开巴黎前，梅尔送给她一只约克郡犬，希望这个小伙伴能减轻他们的分离之苦。这只小狗生性暴躁，让主人不得安歇。除了奥黛丽，很少有人喜欢它。她给它取名叫“出名先生”，每次她带它出门，都会给它系上长长的红丝带。一些人看到像奥黛丽这样成熟、知性，而且看起来很自信的女性把自

《黄昏之恋》中的奥黛丽。

己所有的爱都倾注在一只小狗身上时，他们都感到不可思议。这很容易让人想到“出名先生”正在享受母爱般的呵护，而这正是奥黛丽渴望给予、但又无法给予孩子的爱（因为她的孩子不幸流产）。在这几个月，奥黛丽经常拜访妇科医生，希望能再次成功怀孕。

亨利·罗杰斯说：“她从来不发脾气。”玛格丽特·加德勒接着说：“她从来不制造麻烦，你知道她对工作很认真。她对采访者彬彬有礼，但谈话必须围绕她所拍摄的影片开展，不得涉及她的私人生活。”就在不久前，她称记者们为“先生”，那种谦和让人为之动容，她尊重他们的职业，因为得到他们的关注而感到高兴。采访奥黛丽不需要像平民见到王室成员一样拘谨，记者们很放松，但是对于奥黛丽的谨言慎行应顺其自然。

政治运动可能是导致奥黛丽深居简出的原因之一。在1956年初秋，巴黎爆发了许多街头暴力事件，以此来抗议苏联入侵匈牙利，当时的苏联大使馆也遭到石头和火焰弹的攻击。因此，在市中心的出行变得很困难。考虑到奥黛丽的安全，她的出行必须有武装保镖陪同，而且去摄影棚时必须远远地绕过那些经常出事的地方。怀尔德也加快了工作节奏，希望能让大家提前离开巴黎。

幸运的是，《黄昏之恋》拍摄结束之前，各种危机事件逐渐平息。梅尔乘坐斯堪的纳维亚的航班从洛杉矶回到巴黎。世界局势让他和奥黛丽感到震惊，瑞士也因此成了比以往更加重要的避风港。他们曾承诺参加 12 月 16 日在伦敦举行的《战争与和平》的首映式，但这次他们提出如果主办方为匈牙利红十字会做募捐，他们就继续履行自己的承诺。"这个电影有幕间休息，"奥黛丽说，"我们应该充分利用它。"

幸运之神再次在紧要关头眷顾了梅尔，他同意出演《太阳照常升起》里的一个角色。这个电影将在墨西哥城、莫雷利亚和马德里三个城市拍摄，这也决定了奥黛丽的计划。计划很简单：她将息影一年。这个公告加上她将和梅尔一起去墨西哥的消息让媒体猜测不断：她将计划生个孩子！"不，不！"惊讶的奥黛丽坚决否认，虽然这只是徒劳。"没有人愿意去像墨西哥这样遥远的城市生小孩。"事后她发表声明，表明她承受着沉重的压力。"到目前为止，梅尔和我一直在努力工作，我们一直住在酒店……我们结婚已有两年了，但我们还没有孩子。家是快乐婚姻的必备条件。"她暗示要想生儿育女，必须先有家。从性格上来说，奥黛丽是一个很喜欢安静的人。但她几乎没有私人生活，没有地方可以称之为家，没有孩子。时间飞逝。尽管她还不到 30 岁，但她明白，她奉献给电影的每一年都缩短了她作为母亲的欢乐时光。

《黄昏之恋》的后期制作已经完成并已上映。早期的宣传让她充满自信，丝毫不感到担忧。奥黛丽写给罗杰・伊登斯的信说明她重获安宁、平静和满足："这个地方是一个乡间别墅，房屋分布在种满玫瑰、天竺葵和树木的倾斜花园周围。你可以吃上新鲜的沙拉，喝到纯净的泉水！白天阳光明媚，夜晚清凉如水，还有，这里的纬度让你感觉自己就像一个百万富翁。我真心喜欢的是这里没有电话，这是绝佳的修养胜地。另外，'出名先生'也喜欢这里，它可以整天在花园里乱跑。"

《黄昏之恋》中的女主角端庄大方、沉着、冷静、自信满满。

《修女传》剧照，1958 年。

金色面纱

1957 年 1 月，在库尔特·弗林斯的再三催促下，她在纽约签了由弗雷德·金尼曼执导的影片《修女传》的意向书。合同条款非常严苛。虽然 20 万美元的片酬（合 7.5 万英镑）远远低于奥黛丽拍摄前两部电影的片酬，但这仅仅是个开始。她将获得总票房收入的 10%，除了片酬之外，这部影片赚到的每一分钱她都能参加分红。这部影片最终要耗资 350 万美元，对于一部非史诗电影来说绝不是一小笔费用，但它最后所收获的利润比投入高出很多倍。

人们经常推测奥黛丽之所以接这部片子是因为她在战火纷飞的比利时的童年经历与在反抗德国占领时的地下战役中路加修女的生活经历很相似，因此被它吸引。但是这样的判断是不可靠的。就影片《安妮日记》来说，奥黛丽认为自己没有必要重演一个真实人物的生活，拒绝通过借助其他人的悲苦来提升自己的社会影响力。她自愿出演这部电影源于一个很有趣的巧合。作家凯瑟琳·休姆曾在战后的德国联合国善后救济总署为流离失所的人们

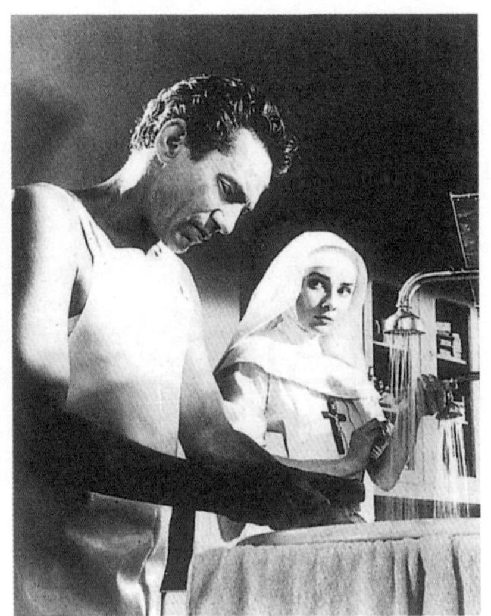

奥黛丽在《修女传》中饰演的修女路加取得了巨大的成功。

所建立的营地担任指挥官，而修女路加，即现实中的玛丽・露易丝・哈贝茨也在这里担任护士。这部小说就是以这两位女士的友谊为基础的。对于奥黛丽来说，拍摄这部电影意在向联合国善后救济总署致敬，它在战争结束后的几个月里拯救了很多生命，其中也可能包括她本人。当她知道第二次世界大战的场景被删去的时候，任何之前的犹豫都烟消云散。删除这一场景不仅是为了节省时间，同时也是为了强调修女的道德挣扎，而不是战争本身。“这让我感到开心。”奥黛丽说，她仍然和以前一样不愿诉说战争年代的事情。

当时虽然奥黛丽在休年假，但她没有闲着，而是利用不在梅尔身旁的时间去准备即将在 1958 年 1 月开拍的《修女传》中的角色。

弗雷德・金尼曼建议让奥黛丽和她的搭档佩吉・阿什克罗夫特以及伊迪斯・埃文斯在修道院待上几天，进行观察学习，并且在允许的情况下参加晨祷、晚祷等日常仪式。对修道院宗教条例的研究表明罗马天主教会的条例各不相同，有的刻板，有的变通。据金尼曼所说，巴黎天主教的教规“自由、机智、轻松”；比利时的教规却是“充满怀疑并近乎敌意”；相反意大利的教规却“如同

彼得・芬奇评奥黛丽
的路加修女：“我见过
修女，但你跟她们不
你没有把它当作使命

石头墙般机械呆板。”

奥黛丽完全支持金尼曼对真实性的调查。她十分清楚《修女传》将是她演艺生涯中从清纯少女转型为成熟女人的一个重大转折点。她拿出真正的修女的专注和谦逊态度来学习这个角色，认真学习拉丁文祈祷词，希望表演时能达到一种逼真的感觉。她还熟悉了解修女每一个习惯细节——她们佩戴面纱只会露出脸的一小部分，而这给表现各种复杂情感带来很大困难。她不断地练习仪式礼节、诵经和下跪。她还模仿修女来感受神职人员出现在公共场合的感觉，甚至走访医院去观察修女们在手术室里怎样帮助医生。除此之外，她飞到洛杉矶拜访了路加修女的原型玛丽・露易丝・哈贝茨，在凯瑟琳・休姆的家里与她待了好几个小时。奥黛丽不久就会从她们的友谊中得到回报。

金尼曼在自传中回忆了他在 1958 年的 1 月 2 日把“修女们”（奥黛丽・赫本、佩吉・阿什克罗夫特、伊迪斯・埃文斯）“藏”在巴黎 3 个不同的修道院的情形。他们与其他在电影中有台词的女演员一起在修道院待了 4 天。“每天上午 10 点，我会坐着出租车去看看她们的状况。那年冬天非常冷，修道院几乎没有供暖……所有人从屋里出来后都冻得发紫，但是她们沉浸在自己所参与的事情中，同时也为这种筹备方式感到兴奋不已。”

奥黛丽飞往非洲拍外景之前的最后一件苦差事是为戏服做彩色摄像测试。杰克・华纳看到测试结果之后非常激动，他的电报只有两个字：“很棒！”

拍摄地的环境对奥黛丽的热情和她那柔弱但一直保护良好的体质来说是个极大的考验。晚上的雾气和寒冷让她感到胸闷，白天更糟糕，又湿又热的天气让人喘不过气来。从好莱坞加急送来的空调不起任何作用，顶多算个空气加湿器。雷雨影响了正常的拍摄工作。宗教服装穿在身上给人一种走进减肥中心瘦身房的感觉。“我猜所有裹在袍子里的修女们都是皮包骨头。”她说，挤出一个笑容。她在麻风病人隔离区工作了 4 天，出于对病人的同情她没有戴为拍摄工作人员准备的防护手套。每天拍摄结束之后，她都会躺下来，着迷地听着当地节奏感极强的用于召唤独木舟的鼓声。这些独木舟就像出租车一样把她和其他人送回斯坦利维尔。河中有河马在打滚，有时沉入水底消失在视线里，偶尔又浮出水面，危险地出现在细长的小船旁。此时奥黛丽会紧紧地扶住船舷，像坐过山车的孩子一样咯咯笑起来。她一直吸着自己最喜欢的金雪花香烟，有时候当地人看到一位修女嘴里夹着一支烟会露出不可思议的神情。金尼曼说她是位“美国修女”，大家才若有所思地点点头。

彼得·芬奇的角色对这部影片的成功是至关重要的。他对修女路加苛刻但诚恳地说：“我见过很多修女，但你跟她们不一样，你没有把它当作使命。”这部电影倾向于刻画修女的自我探寻之旅，确保她能够作为一个自由思考的个体而存在。芬奇在这个短暂但至关重要的场景中表现出来应有的强势个性。他的声音像一把锋利的刀子，切开了一个献身于贫穷与贞洁的女人身上最固执、同时也最难做到的品质：顺从。这是奥黛丽出演过的最戏剧性的一幕。人们希望奥黛丽在她演艺事业的早期就能经历这样的严峻考验，同影响力更大、情感更丰富的男演员搭档。影片中芬奇冷静地分析了她对天主教的坚定信仰正慢慢减退，而她对此自省的态度正表明她被突然唤醒，开始构建自我意识。

在刚果奥黛丽一直尽量避免有损健康的事，只有一次不得不去看医生。那次一只兴奋的猴子咬了她一小口。当时没什么事，可当她回到罗马拍摄内景时却病倒了。由于在非洲身体脱水严重，肾脏受到了感染。她和华纳兄弟之间的多封电报表明了她所经历的痛苦。在电报中奥黛丽经常以修女路加的名字自称，唯恐她的病情被媒体知晓，给她带来不便，影响身体的恢复。一天晚上，她在哈斯勒酒店里痛苦地醒来，浑身都是汗。膀胱镜检查显示她得了肾结石。按照医生的建议她在家静心休养，希望可以避免做手术。像往常一样，让奥黛丽感到烦恼的并不是身体上的痛苦，更多的是良心上的不安。当她躺在床上时，“出名先生”陪在她身边。

奥黛丽烧得更厉害了。母亲从伦敦赶来照顾她，同母异父的哥哥伊恩·

《修女传》一度成为票房最高的大赢家，让奥黛丽在有生之年一直受益于此。

凡·厄福特也特地从海牙赶来，他在那里的一个化妆品公司上班。金尼曼看了一眼这个年轻魁梧的荷兰小伙，还给他安排了电影中一个临时演员的角色。幸运的是奥黛丽顺利度过了肾结石这场危机，重新回到片场工作。此时她苍白的脸色恰好符合亚历山大·特劳纳设计的壮观的修道院场景。从罗马芭蕾舞团招募来的临时演员们把自己专业的优雅特质在修道院的仪式中发挥得淋漓尽致，这座城市的古老贵族家庭的一些成员参与了最后拍摄这些年长的修女募捐的特写镜头，她们表情中透露出的个性与智慧为电影增色不少。

金尼曼开始写自传时，重新回顾了一下《修女传》这部影片，他被奥黛丽成功地演绎路加这个修女角色所触动，不论是在表情动作还是在语言上，路加修女最终适应世俗生活的潜在独立意识被奥黛丽演绎得淋漓尽致。但是他承认，他的疏忽可能让她的演技没有完全发挥出来，奥黛丽没有表现出 17 年的修女生活在她身上留下的痕迹："电影结束时，她取下黑色头巾、自由地甩着头发，但是几乎看不到一丝白发。"

1958 年 6 月 25 日，主要外景拍摄工作在比利时拉下帷幕，正是在这个时候，奥黛丽感染上流感。但最后她得到导演的许可，自在地沐浴在阳光下，希望能晒成褐色。

奥黛丽发现华纳兄弟公司的气氛格外压抑。发行部门试映了《修女传》之后，公司对效果不满意。电影看起来太冗长悲观，平淡无奇，关于修女生活的写实性描述过多。对于奥黛丽和金尼曼来说，坐在办公室揣测公众心理的人的意见把他们这些天的所有心血一带而过。但很快他们的肆意猜测遭到了报应。

金尼曼回忆起电影在纽约上映的那一天。华纳兄弟选择了无线电城音乐厅作为首映地点。这是一个巨大的多层放映厅，有如恺撒大帝的墓地那般壮观。导演和影星们聚集在楼上，喝着鸡尾酒，有点像守灵的气氛。突然有人看了看街上，喊道："看！"当时放映厅的大门还没开，但街上已经排起长队，一直拐到大楼的角落里，这种情况是史无前例的。这些支持影片的观众不像影片中渐渐失去信念的修女，而是突然神奇地重拾信念。《修女传》一度成为票房最高的大赢家，让奥黛丽在有生之年一直受益于此。这是她出演的所有电影中盈利最高的一部。

回想起来，奥黛丽不得不感激华纳公司。正是因为他们担心电影的效果才推迟到 1959 年 6 月上映。对于奥黛丽来说，这次延迟反而让她因祸得福。《修女传》的成功大卖弥补了她随后拍摄的《绿厦》的损失。这部电影比《修女传》提前三个月上映。

《绿厦》剧照，1959 年。

坠马事件

1958 年 7 月 21 日，梅尔和奥黛丽在接受采访中透露，他们会最先考虑开始《绿厦》的拍摄工作。从他们相互勉励的谈话中，记者似乎也觉察到他们对于此举是否明智仍然心存疑虑。

人家对《绿厦》无法带来任何经济利润这一点心知肚明，库尔特认为趁其消极影响还未产生，眼下迅速签下几个新片才是聪明的做法。因此，尽管奥黛丽还在考虑，甚至是更强烈地想要一个孩子，她不得不同意接下两部电影。这是两部非常具有吸引力的新片，分别由约翰·休斯顿和阿尔弗雷德·希区柯克执导。其中，《恩怨情天》是一个西部片，整个影片都在墨西哥拍摄。刚刚答应签约，奥黛丽却又心生顾虑。因为影片要在杜兰戈附近拍摄，那儿有一个坐落在马德雷山脉中炙热滚烫的狭长土地上的印第安居留地。奥黛丽心里清楚迎接她的将是无尽的热浪和尘土，这与她拍摄《修女传》时遭受的苦头相差无几。除此之外，梅尔因为要忙《绿厦》的后期制作工作也不可能陪伴在她左右。

正当拍摄工作即将开始时，她得到了期盼多年的好消息：她怀孕了。这让她更加不情愿接拍这个涉及户外剧烈运动、甚至还包括骑马镜头的影片。但是，休斯顿说服了她——在孩子出生前一定会完成她所有的拍摄工作。

只有第二个影片计划不得不延迟拍摄：希区柯克的惊悚剧《法官不得保释》。导演很不情愿地答应将开拍日期推迟到 1959 年 6 月，到那时，奥黛丽的孩子已经呱呱坠地了。

希区柯克曾对友人埋怨奥黛丽怀孕是件麻烦事。私下里，这位隐秘的厌女症者对演员们毫无热情，而且认为女明星需要的关注往往大大超出她们本身的价值。但是能与奥黛丽合作，着实让他对奥黛丽这样无论是相貌还是处事方式都十分高雅、或者说很有教养的女人尽情幻想了一番。毫无疑问，按照好莱坞的说法，奥黛丽是“一流的”。因为他曾接触并感受到英格丽·褒曼和格蕾丝·凯利那冷酷表面下的肉欲，他认为在奥黛丽良好教养的外表之下必定掩藏着欲望，他一定会让她展现出来。他总结说：奥黛丽值得等待。

双方就这一点达成一致之后，奥黛丽便开始准备她在《恩怨情天》中印第安女孩的角色，并为此消耗了大量的精力，休斯顿戏称她的角色为“小红崽子”。她几乎没有关注仍在不断修改中的《法官不得保释》的剧本。后来，事实证明这是一个巨大的错误。

希区柯克只告诉奥黛丽她将出演一个法庭律师的角色，这一角色的父亲正是片名中提到的法官：他被人指控犯有谋杀罪行，女律师愤然为父亲辩护，并聘请职业杀手引出真凶。这些奥黛丽都可以欣然接受，尤其是劳伦斯·哈维将出演的江湖骗子最后变成了游侠骑士，还有在《龙凤配》中饰演奥黛丽父亲的约翰·威廉姆斯将再次成为她银幕上的父亲。希区柯克用他老练的甜言蜜语向奥黛丽保证：戴上英国出庭律师那种别致的鬈发套，奥黛丽一定能演一个“出色的鲍西娅”。对女演员连哄带骗，这一招术希区柯克百用不厌，而且最终屡试不爽。然而他却没有告诉奥黛丽剧本中她的角色要遭到性侵。在希区柯克导演的激情动作片中几乎总要涉及教养良好的女性遭受性侵这一问题，由此带给观众一丝异样的快感。这一趋势在当时还未引起注意，直到后来“导演主创论”渐渐兴起，它才被认定为希区柯克这位风格独特的大导演的一贯风格。

1959 年 1 月，奥黛丽带着怀孕的喜悦、常备药物和防晒霜向《恩怨情天》剧组报到，同时还有她最喜爱的摄影师弗兰克·普兰纳支持着她。但她怎么

《恩怨情天》剧照，1960 年。

奥黛丽坠马受伤时，都坚持要带上自己的宠物小狗“出名先生”。

也猜不到希区柯克为她准备的远比在杜兰戈满头灰尘更为严峻，之前她对西部片的顾虑几乎立刻就变成了现实。

为拍摄一组镜头，她必须骑在没有马鞍的马背上。这种灰色种马是前古巴独裁者巴蒂斯塔最钟爱的坐骑。小时候奥黛丽曾被一匹小马摔落在地，造成锁骨移位。从那以后，骑马总让她紧张不安。但是为了保证影片整体的一致性，她拒绝使用替身，忐忑不安地亲自坐上马鞍。然而在最后阶段， 位马术师突然过来说要改变整个场景的拍摄方式。当时休斯顿安排让奥黛丽骑马逼近镜头，然后下马，她试了几次之后，终于抓到合适的角度，这时工作人员突然挥舞手臂，跳到马面前，要马停步。那匹马吃了一惊，立起来，奥黛丽被弹到空中，砰的一声摔落在地上。出于本能，她忍受着巨大的痛苦躺在地上一动不动。一位墨西哥医生用担架将她抬到一辆卡车上，担架就放在卡车厢的空板上，顶上是

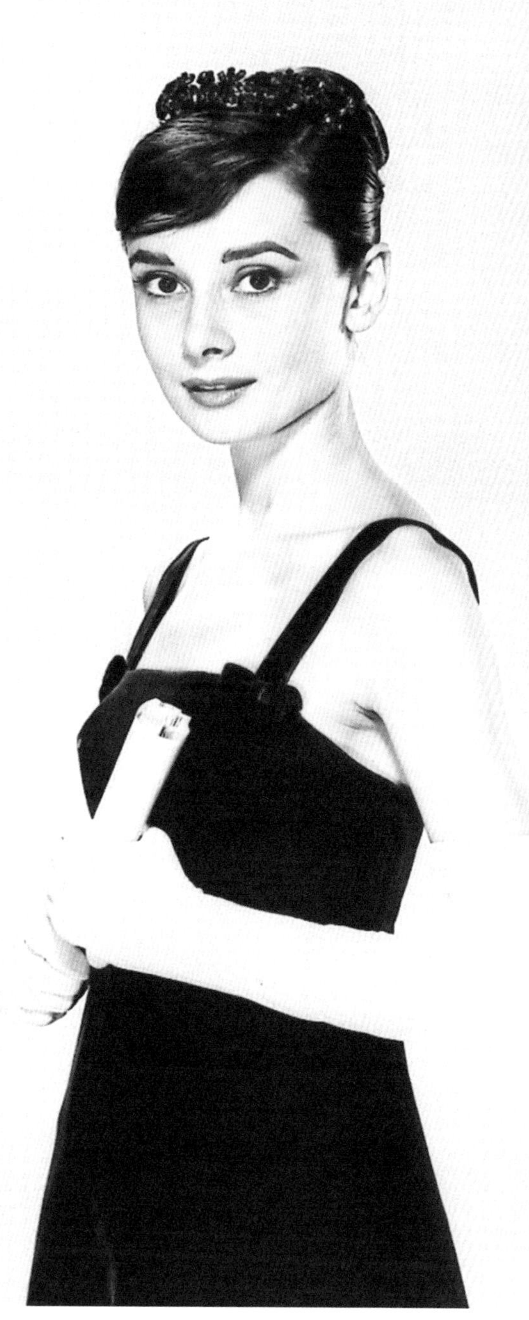

临时拉起的帆布遮阳篷。车开得很慢，却仍无法减轻奥黛丽一路遭受的颠簸之苦。途中她几次晕厥过去，却执意要亲自告诉梅尔自己发生意外的消息。

梅尔听到她虚弱痛苦的声音，立即重金租了一架飞机火速飞往墨西哥，同行的还有一位来自比弗利山庄的整形外科医生门德尔松。几天后，即 1959 年 2 月 3 日，奥黛丽乘坐救护飞机回到家中。由于身上绑了矫形支架，飞机飞行的六个小时中她根本无法吃饭、睡觉和休息，这对她来说简直是无尽的痛苦。可她依然面露坚强的神情，被汗水完全浸湿的蓝色羊毛衫和印第安少女马尾上鲜艳的红丝带多少掩饰了她的痛苦程度。她说“我很好”，并坚持要她的墨西哥保姆胡安尼塔带上小狗“出名先生”。

事实上她的伤势十分严重。X 光检查出她的身体状况要比她担心的更加严重：四根肋骨骨折，两节脊椎骨折断，而且膝盖遭到严重扭伤。但她第一时间最担心的就是腹中胎儿的安全。令人恼怒的是，对胎儿的预断没有定论。因为胎儿尚小，现在下定论还为时过早，尚在母体中发育的胎儿很有可能遭受到了实质损伤，但也有可能没有。此后，奥黛丽天天去看理疗医师，时刻承受着内心焦虑的煎熬。休斯顿在她受伤期间只能尽量避开奥黛丽的镜头转而拍摄其他场景。后来，独立电影制片公司赫特克·希尔·兰卡斯特公司只得下令停拍，并要求索赔，这样可以使他们在奥黛丽恢复健康并继续拍摄之前度过眼前的困难时期。对于奥黛丽·赫本来说，即使再多的赔款也无法弥补失去成为母亲的希望对她造成的伤害。肉体上的疼痛她可以忍受，可要忍受内心的痛苦却是最残忍的。后来，她曾说到，那段时间若是没有玛丽·露易斯·哈贝茨修女的陪伴，她无法度过那段悲伤的日子。玛丽修女正是《修女传》中路加修女的原型，她与奥黛丽内心世界十分亲近，她的到来出乎奥黛丽的预料。现在玛丽修女陪伴在奥黛丽的病床前为她读书解闷，给她带来安慰。有一次，玛丽·露易斯·哈贝茨一时兴起，竟想出要身穿修女长袍来阻止那些不受欢迎的来访者，奥黛丽也被逗笑了。

-天每一分每一秒我都在想着
小宝宝，我就像个与世隔绝的
，焦虑地度过分分秒秒。”

到了同年 2 月 20 日，奥黛丽小心翼翼地走下病床并试着环绕他们在比弗利山租住的房子慢慢行走。本以为还需要多休养一个星期，医生却提前批准了她可以出院拍摄电影。在圣塔莫尼卡机场，她靠着梅尔的臂膀慢慢向登机口走去，一边说着“只要不做剧烈动作，我就不觉得疼。”梅尔说：“我相信约翰·休斯顿一定会重新编排剧本，而且会为她的骑马场景准备替身的。”其实梅尔担心奥黛丽的身体，希望她能多休养一个星期，但显然他的心愿落空了。也许是得到了奥黛丽本人的同意，休斯顿每天用一艘渡轮将奥黛丽运送到外景拍摄地点。奥黛丽平躺在铺着床垫的马车上，梅尔握着她的手陪在她身边。因为脚本已经拍摄完毕，为了保持一致，奥黛丽还得继续完成上次因意外中断拍摄的场景，并且还要骑同一匹马。在所有保险措施保证万无一失的情况下，这一次她十分顺利地完成了拍摄工作。这也是奥黛丽为该片拍摄的最后一个镜头。

尽管影片拍摄告一段落让她松了一口气，但她还是时刻担心自己肚子里的宝宝。在和梅尔返回瑞士后，真正的不幸才降临到她头上。1959 年 3 月底，她突然感到身体不适，慌忙来到卢塞恩一家医院，还是不幸流产。虽然医生的诊断说意外不会让她做不成母亲，然而流产的打击仍是残酷无比。为了迎接小宝贝的诞生，她和梅尔在阿尔班山选中一座农场并租了下来，房间里都已经配备好育婴设施，奥黛丽本人也已经开始为小宝贝织毛衣了，同一款式的粉红和浅蓝各有一套，“男孩女孩都得准备。”如今，奥黛丽沮丧极了，出院后她被接回布尔根施托克家中。她哀伤地喃喃自语，“我不明白为什么我不能做母亲。”医生嘱咐她需要彻底休息两个月。

在好莱坞影视圈里，对这一消息的回应虽不乏同情，但也掺杂了商业因素。海德·霍普写道：“这意味着阿尔弗雷德·希区柯克可以开拍当初奥黛丽因怀孕延后的《法官不得保释》了。”实际上，事实刚好与此相反。

在布尔根施托克木屋养病期间，奥黛丽完整阅读了希区柯克影片的剧本。

以她现在的状况，可想而知，刚失去孩子的她对剧本的反应就只有无比的惊惧：她将出演的角色要在伦敦公园里遭受强奸。即使在身体健康的状况下，对此场景她也是十分抵触。一想到在自己拍摄的电影中要遭受暴力，或者是在其他电影中目睹强暴，都会让她浑身战栗，不得不闭上眼睛。她无法做到，也决不去勉强自己，她决心放弃出演这一角色。可是奥黛丽已经同希区柯克签过协议，而他哪怕是强迫演员受苦也不愿意失去自己的明星，更不愿放弃任何惊悚大片。1959 年 6 月《修女传》在美国的成功首映再次使奥黛丽稳稳回到一线明星的地位。希区柯克坚定了他的决心，一定要牢牢套住奥黛丽这颗值钱的明星。更让希区柯克恼火的是，《修女传》的叫座让他在同一影院公映的《西北偏北》一拖再拖。

要走出这个两难境地只有一个办法，而且不需要希区柯克以诉讼来胁迫奥黛丽接受合约：她再度怀孕。即使是希区柯克也不忍强迫一个孕妇拍摄这种惊悚片，因为在拍摄过程中很有可能会产生精神创伤，而且演员会承受一定的暴力。得知这一消息，他变得狂怒无比，丧失了平日的风度。奥黛丽此时怀孕，再加上产假，他根本不可能一直等奥黛丽能再返片场拍摄影片。一怒之下，他将合同撕了个粉碎，认为这是蓄意违反合同的行为，并对此事耿耿于怀。

梅尔飞往意大利和法国出演两场新潮、刺激的恐怖片：《血与玫瑰》和《奥莱克之手》，奥黛丽待在瑞士舒适的木屋里照料自己。这一次她连毛衣都不敢织了，唯恐招致上天对她冒昧行为的惩罚。她也承认说，“每一天每一分每一秒我都在想着我的小宝宝，我就像个与世隔绝的女人，焦虑地度过分分秒秒。”这一时刻提前到来了。1960 年 7 月 17 日上午，她在卢塞恩医院的产房里诞下一名男婴。亨利・罗杰斯建议她搬进医院，这样就不用担心在布尔根施托克被狗仔队和小报记者围得水泄不通了。婴儿受洗命名为西恩，意思是“上帝的恩赐”。

“快让我看看他，快点让我看看他！”她喊道。梅尔身穿白大褂站在床前，

“在我还是个小女孩时，就梦想以后生儿育女作母亲。”在经历过几次流产之后，1960 年 7 月 17 日奥黛丽终于拥有了自己的孩子，西恩·费勒。

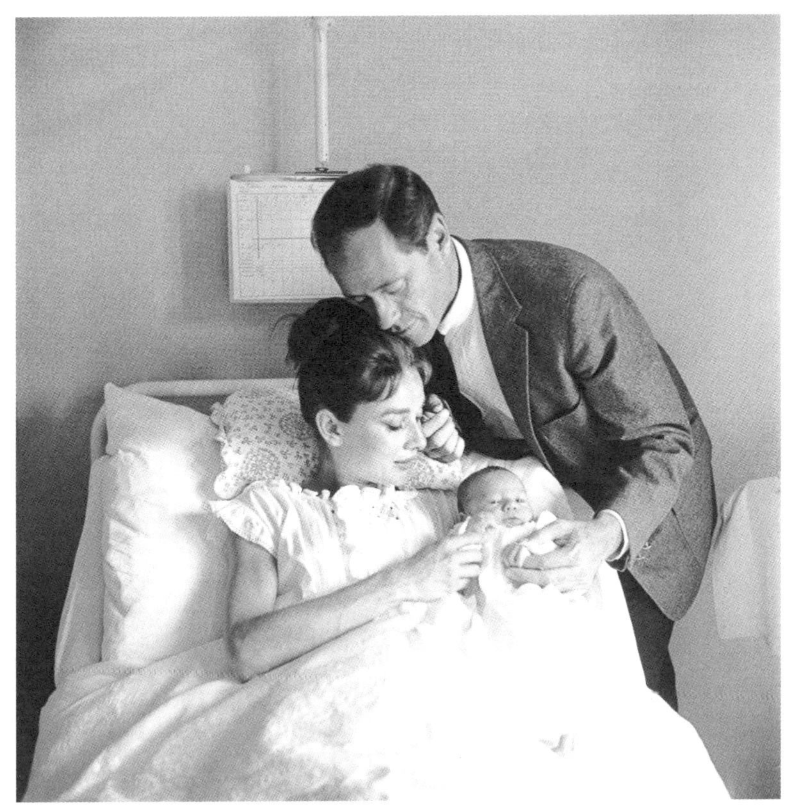

婴儿受洗命名为西恩，意思是“上帝的恩赐”。

她对着孩子左看右看，各个角度都审视个遍，担心孩子没有像她一向追求的那样完美。“他还好吧？他还好是吗？”确认孩子没有什么不好，她的脸上终于露出了一丝满意却略显虚弱的微笑。

两个月后，在布尔根施托克庄园，西恩在当年他父母举办婚礼的小教堂里正式接受洗礼。

Audrey Hepburn

霍莉·格兰特利像野心勃勃的猎兽，却佯装温顺的波斯小猫；四处流浪、无家可归却自诩享受灵魂的自由；游荡懒散，玩乐度日，仿佛生活就是过不完的假期；她以一个崇尚享乐、整日追逐虚荣的形象几乎很好地掩盖了内心曾经遭受的伤害。

《蒂凡尼的早餐》，1961年。奥黛丽饰演霍莉，乔治·佩帕尔特饰演作家保罗。

来吃早餐的女孩

初为人母的奥黛丽在瑞士尽情享受着做母亲的幸福时光，她推掉了一个又一个片约。派拉蒙电影公司的耐心也渐渐被消磨殆尽。按照合约，奥黛丽还需要为派拉蒙公司拍摄三部影片。奥黛丽丝毫不觉得感动，这一消息只是告诉她：除非她完成这一义务，否则不可能为任何人工作。她一点也不着急。

1960 年初，奥黛丽陪同梅尔飞往罗马，在那里梅尔将完成吸血鬼影片《血与玫瑰》的拍摄，这也是自西恩出生以来奥黛丽第一次出国旅行。在媒体拍照期间，奥黛丽还为摄影师塞西尔·比顿摆出造型拍照。照片中的她洋溢着初为人母的欣喜与满足。“奥黛丽一改往日的精灵容颜，”比顿说，“如今的她拥有一种新的女性韵味。”

这位“新女性”很快收到了新的片约。新片改编自杜鲁门·卡波特的同名小说《蒂凡尼的早餐》，由《七年之痒》的作者乔治·阿克塞尔罗德改编成电影剧本，布莱克·爱德华兹担任导演。当然，这部影片也由派拉蒙公司出品，对于奥黛丽来说，接拍这部电影还可以减少她与派拉蒙公司签订合约的任务。但出演这部影片，奥黛丽面临着一项很大的困难。剧中女主角霍莉・格兰特利是个“被包养的女人”。她的衣橱里有两类衣服，“工作套装”：黑色短裙，还有另外一类白天穿的便装。如此的节俭只能体现出她生存之道的暧昧不明：她的大部分工作都是在夜间完成的。如果奥黛丽答应出演这一角色，她的形象必须做一个三百六十度的大转变：这一角色需要的是高级应召女郎那种轻佻肤浅、不讲道德的俗媚气。库尔特・弗林斯曾经将这个角色巧妙地形容为一个“怪人”。“这听起来要好多了。”奥黛丽说。接着，她的经纪人说，“片酬是75万美元，”他又补充道，“这听起来不是更妙吗？”

“怪人”在20世纪60年代初是个时髦的新词，用这个词来形容霍莉・格兰特利再合适不过。“怪人”就是个无所畏惧、不折不扣的流浪者，镇子里任何地方都可以是她的住所——她只需打开睡袋，席地而卧，当然越热闹的地方越好。她性格中的天真无邪似乎总能助她逃过房东和前男友的打击报复。在电影中，霍莉的主要资助人是一个在星星监狱服刑的囚徒。她也靠时不时挣来的50美元“化妆间小费”来过活。当然，这种服务跟试衣服毫无关系，而是通过玩弄欺骗一些绅士们弄来的。她毫无顾忌地将责任和义务抛诸脑后，正如她曾经抛弃了丈夫、继子和小镇人的身份，来到活色生香的纽约大都市一样。霍莉从不轻易提及这段并不遥远的过去，希望将它深深埋藏，永远忘记。简单来说，霍莉・格兰特利像野心勃勃的猎兽，却佯装温顺的波斯小猫；四处流浪、无家可归却自诩享受灵魂的自由；游荡懒散，玩乐度日，仿佛生活就是过不完的假期；她以一个崇尚享乐、整日追逐虚荣的形象几乎很好地掩盖了内心曾经遭受的伤害。奥黛丽也不确定自己是不是喜欢这个角色的生平故事。

奥黛丽最终还是出演了这一角色。现在回想起来，仍然很难理解当初霍莉这一角色为何会让她犹豫一番呢？但是影迷们的崇拜确实反复无常，甚至连奥黛丽・赫本这样均衡发展的影星也不情愿涉险冒犯了影迷们的热情。她知道自己急需一部能够加速角色转型的新片。她打算尝试一些有着全新道德观的角色，以适应 20 世纪 60 年代迅速兴起的“性自由”潮流和“前卫”的法国新浪潮电影。奥黛丽渐渐试着去理解霍莉那甜美虚假的道德品行。她回忆起 15 年前自己在伦敦依靠在夜总会和歌厅表演舞剧勉强度日的艰苦岁月。“发生的一切让她措手不及。她变得茫然失措。但是，她仍努力地装作受到良心的约束，就像曾经的我那样。而且，她拥有自我，”奥黛丽提醒着采访记者亨利·格里斯，听起来她好像还在劝说自己去做一件令人讨厌的事情。然后，她回忆起霍莉掩藏自己来自小镇、是个逃婚妻子的真实身份，奥黛丽补充说，这样分裂的生活态度“才是真正地缺乏自我认同”。她知道自己也被绕了进去，但是她认定自己要比霍莉幸运一些，“我有目标。”奥黛丽其实也是小说家的朋友，如卡波特本人所言，奥黛丽是他最喜欢的人之一，但是她并非这一角色的最佳人选。早在小说创作时期，他的脑海里就是以玛丽莲·梦露为原型来塑造人物形象的。梦露是个真正的“怪人”，是人见人爱的金发女郎。她的自恋程度简直同霍莉如出一辙，完全不会为自己的行为所导致的后果承担道德责任，好像她当时完全不在场一样。卡波特固执地认为“玛丽莲一定会演得特别棒”，至于奥黛丽，尽管他也很喜欢，但她“根本不适合这个角色。”

但是梦露早与 20 世纪福克斯影片公司签下合约，想要借用梦露拍摄这部电影将花费不菲。派拉蒙公司催促奥黛丽尽快下定决心。最终是导演布莱克·爱德华兹的保证和劝说促成了这一决定。导演说通过他的指导和拍摄，剧中霍莉的形象一定会变得纯洁许多。拍摄完开场场景后，爱德华兹保证说霍莉的贪婪成性只是一种迷人的偶然。情况也确实如此。

电影片名在银幕上出现之前，《蒂凡尼的早餐》凭借一个经典镜头烘托出女主角的形象：她并非老谋深算、贪得无厌，只是拥有抓住重大机遇的独到眼光罢了。影片开场的镜头带有超现实的新意，就像一个为独家品牌做宣传的电视广告，这在 1961 年还是十分新鲜的。清晨时分，空荡荡的第五大道上，奥黛丽从一辆黄色出租车里走出来。她身穿纪梵希设计的简洁黑色小礼服，脖

奥黛丽的无瑕形象让人们原谅了影片中的贪婪。

子上戴着层层叠叠的珍珠项链，双手戴着黑色长筒丝绸手套，头发像菠萝一样盘在头顶，就像将所有东西都顶在头上的妇女一样优雅。她径直走向蒂凡尼珠宝商店，看着玻璃橱窗里闪闪发光的珠宝，偶尔小啜一口手里的咖啡，斯文地咬上一口蛋糕，这种平民早餐与橱窗里的世界形成了讽刺和对比。这类似电视场景的一幕将贪婪和欲望转化成孩童般的幻想，正如传统报纸为“媚登峰”牌内衣做的广告图片上女士们身穿“媚登峰”内衣大步走在阳光下的梦想一样。看完这样的开场，人们根本不会认为霍莉·格兰特利会有什么不好的地方。

在拍摄开场镜头时，奥黛丽十分紧张，尽管这一点连她忠诚的摄影师弗兰克·普兰纳都没有注意到。奥黛丽向右边一望，看见的是无数好奇的纽约市民。为了能够观看电影的拍摄过程，他们早早起床沿着警察安放的路障排好队伍。为拍摄这一场景，警察在指定时间封锁了第五大道部分街区，并安放了路障。另外，还有一桩令她担忧的小事，那就是剧中使用的丹麦糕点。奥黛丽最讨厌黄油和酥皮糕点，问导演可不可以换成蛋筒冰激凌。“没门儿，”导演爱德华兹说。需要操心的已经够多了，他可不想再去为装满冰激凌的冰箱花费心思，要知道这组镜头可能需要重拍十次呢。此外，拍摄工作必须在 7:30 之前完成，因为那天俄国总理赫鲁晓夫访问纽约，大量的人群已经让警察和秘密

奥黛丽像个模特似的走着猫步渐渐靠近蒂凡尼珠宝店，清晨时分身穿晚礼服的她让影片与现实拉开了距离。

保镖烦躁不安了。

在接下来的拍摄中，奥黛丽渐渐隐藏起自己的紧张。奥黛丽像个模特似的走着猫步渐渐靠近蒂凡尼珠宝店，清晨时分身穿晚礼服的她让影片与现实拉开了距离，极富喜剧性，这一幕还算好办。但是，与乔治·佩帕尔特饰演的作家演对手戏时竟然没有台词。奥黛丽凭直觉或者根据导演的提示来表演。佩帕尔特是一位方法派新星，他通常提前将自己的角色研究透彻。影片开始时他和奥黛丽倒也合拍，只是在情感上缺乏一点共鸣。然而，由于他们对各自角色的把握不同，这一点并没有显现出来。令人难以置信的是，除了令人伤脑筋的《绿厦》，这确实是奥黛丽第一次同年龄相仿的演员演对手戏。到目前为止，她要么扮演虚无缥缈的精灵，要么出演为年长男子所追逐却总难得手的稚嫩少女。尽管《蒂凡尼的早餐》是一个发生在典型的现代都市背景下的梦幻故事，其中却没有人们所预期的男女性爱关系。男女主角的感情是柏拉图式的精神恋爱。佩帕尔特饰演的作家是个风度翩翩的美男子，却是“被包养的男人”，傍着比自己年长的富婆。

让霍莉这一角色变得“纯洁”正是奥黛丽希望看到的，但这种“纯洁”并非归功于台词，而要归功于亨利·曼西尼最有名的主题曲《月亮河》。一句新颖的歌词“我的老朋友”与霍莉混迹于都市的老练精明似乎并不和谐，却淡淡影射出她来自乡村、原是兽医妻子这一身份。奥黛丽坐在消防窗边、弹着吉他轻唱《月亮河》的经典场景集中地表现出这个晚会女王内心对于纯真和简单的默默渴望。一首哀伤的《月亮河》为霍莉捉摸不定的性格定下了主要基调，曼西尼称曲中渲染的淡淡哀伤和美好愿望的歌词就是为奥黛丽·赫本所写的。“我第一次见到奥黛丽时就知道该怎样写这首歌了。我可以想见当她用略带沙哑的嗓音哼唱时整首歌的感觉。”在电影界，主题曲能够在剧中打动人心，并伴随人物走下银幕的情况并不多见。奥黛丽和《月亮河》就是典型的例子。可以这样说，自那以后《月亮河》成为奥黛丽的光环。她逝世后，蒂凡尼公司专为她制

无论你到哪里，我都陪着你。
两浪人，去环游世界，
可以看到很多的美丽。
我们同在彩虹尽头，凝望彼岸。
我可爱的朋友，月亮河，和我。
——《月亮河》

作了一则广告，一反蒂凡尼珠宝的奢华，而是以动人的简洁风格献给“我的老朋友”，向奥黛丽致敬。而早在拍摄《蒂凡尼早餐》时，奥黛丽就曾佩戴过蒂凡尼的镇店之宝“蒂凡尼黄钻”。这颗美丽的黄色钻石，世界上只有两个女人佩戴过：一个是谢尔登太太，另一个就是奥黛丽·赫本。

人们想到《蒂凡尼的早餐》的时候大多都会想起影片开头奥黛丽鬼魅般的身影、萦绕不断的主题曲、混乱拥挤、帽子差点着火的晚会场景等。这对于奥黛丽来说，是一份极高的殊荣，因为她的闪耀登场导致了一场集体失忆：几乎没有影迷记得影片中表现出来的贪婪、剥削和疯狂。影片中的主要人物几乎没有一个不是寄生虫，只有霍莉勉强幸免。她属于“迷路的小女孩”，人们很少真正去问“没了什么她才会迷失”。答案是：富有的男朋友。奥黛丽的无瑕形象让人们原谅了影片中的贪婪。当她被里约的百万富翁无情抛弃时，她一边擤着鼻涕，一边要求道：“找出巴西最富有的 50 个富翁，把名单寄给我。”并决定飞往南美去发掘那里的金矿。人们会对她的倔强执拗报以会心一笑。在影片中佩帕尔特有句台词，“我帮不了她，她也帮不了自己，”这句话并不那么可信。

霍莉去便宜货商店里玩顺手牵羊游戏的这一场景十分有趣，她一一试探，看可以顺走什么东西，竟然试着用真皮帽盖住金鱼缸，真让人忍俊不禁。但是，惊闻弟弟意外死去时，她平日生活的花花世界瞬间变成深受伤害的婴儿时期，这一场景非常痛苦，奥黛丽不演也无可厚非。但是她还是演了：她把公寓里的所有东西都砸到地上，最后在暴雪般飞舞的靠垫羽毛中昏了过去。试将这一幕与另一个同样残忍但描写得异常精彩的一幕进行对比：佩帕尔特试着与富婆中止关系，富婆什么也没有说，只是给他写了张支票，让他和霍莉去加勒比海度个假，她的签名表达了所有的讥讽。相反，霍莉依然是个道德盲，也正因为是奥黛丽扮演这个角色才没有让观众心生厌恶感。

成为母亲渐渐改变了奥黛丽，也让她开始认真思考价值这一问题。霍莉·格兰特利追求幸福的历程也激发了奥黛丽开始重新审视生活经历对她的价值。霍莉是脆弱的，她最终也没有找到自己想要的东西。她的一生以享乐为目的，而奥黛丽到目前是以电影为生，她开始认真思考这样的生活到底意味着什么。霍莉孩子般地躺进作家怀里，像个怕黑的孩子，悲伤地说："你害怕，浑身冒汗，但你却不知道自己在害怕什么，只知道肯定是不好的事情。"奥黛丽说起自己的担忧时更加平静，但人们能感觉到工作与现实给她带来的紧张。"我想女人只有当了母亲才能获得彻底的满足感，确实如此。想要成为一名优秀的女演员，胜任所有适合我这个年龄段的角色，生孩子是十分重要的经历。以前我并没有意识到，现在我懂了。"一种满足感往往与其他方面的不满足如影随形。成为母亲让奥黛丽更加认真地考虑自己的事业，在工作需求和孩子的需求之间努力寻求平衡。现在有了孩子的她不便继续像陀螺般忙着拍片。她也越来越不愿意继续和梅尔不断辗转于酒店套房和短租别墅之间的漂泊生活。于是，拥有一个属于自己的家便成了奥黛丽的目标。尽管他们曾相互约定，要根据对方的情况提前商定工作日程，但是随着时间的推移，他们的道路和追求都出现了分歧，只是当时的他们还不大可能意识到分歧已经初露端倪。

1960 年冬天，奥黛丽完成了《蒂凡尼的早餐》的拍摄工作，夫妇俩在好莱坞度过了圣诞节。儿子西恩也由意大利保姆从瑞士送到了他们身边。奥黛丽说和"我最亲爱的两个男人"度过的日子是她记忆中最快乐的假期。新的一年，轮到以梅尔的工作旅程表为准，奥黛丽带着孩子陪着他。因为梅尔将在巴黎拍摄法国电影《恶魔的十个指挥》，他们飞往巴黎，随后回到布尔根斯托克。至少在那里的生活充满平静和安定，生活也很有规律，这一切都是奥黛丽所喜爱的。她通常醒得很早，一般 6:30 就起床喂养婴儿。另外，梅尔在家的时候她还会为他准备早餐。奥黛丽自己准备每顿饭，如果有客人来访，她还会为客人们准备食物；若是客人逗留的时间较长，附近村庄里的一位妇人会来做饭。梅尔常常打网球消磨时间和精力；闲暇时他们会一起阅读；他们每周去两三次卢塞恩的超市购物。

《蒂凡尼的早餐》剧照。

此时，索菲亚·罗兰和卡洛·庞蒂也搬到瑞士，成了梅尔夫妇的近邻。他们从同一家酒店公司租了一套别墅，这家公司拥有整个布尔根斯托克庄园。除了同样从事影视行业，奥黛丽和索菲亚还有很多相同之处。像奥黛丽一样，索菲亚也苦于不能怀孕生子，始终处于渴望为人母而不得的两难境地。当庞蒂去米兰或者罗马出差，梅尔在外地拍片时，她常常拜访奥黛丽，两人共进晚餐。成为母亲之后，奥黛丽不再像以前那样以梅尔为中心，尽全力恪守曾经的誓言："只要有可能在一起，两个人就永不分离。"现在西恩成了她家庭的中心。奥黛丽会为自己和索菲亚烹制意大利面，哄西恩上床睡觉之后，她们在小厨房里安静地用餐。两个举世闻名而又耀眼的明星，此时就像是邻里之间普通的家庭主妇一样。成为母亲也让奥黛丽确立了欧式生活方式。居住在这相对简单淳朴、节奏舒缓的平静的国度也给抚养孩子增添了更多的乐趣。这里四季更迭，气候宜人；能呼吸到山顶纯净的空气，抬眼就可以看见她挚爱的雪山。在这里，她不需要藏身于好莱坞的遮阳篷下。

梅尔的事业如今却令夫妻俩担忧。梅尔已经四十有余，作为演员，他近来没有叫座的片子；作为导演，一部蹩脚的《绿厦》已经让他颜面尽失，而《绿厦》是奥黛丽唯一赔钱的影片。他早已无法竞争好莱坞的主演角色。像白兰度、纽曼、兰卡斯特、道格拉斯、克里夫特、莱蒙、柯蒂斯以及赫斯顿等男星都留在加利福尼亚，经常有机会拜访老板，已经替代了梅尔及其同时期的演员。在他们看来，梅尔那一代的演员仿佛都是来自另一个时代。梅尔在法意德西联合电影制片公司很有市场，这是因为他天资聪慧，能讲多种语言，还有他早年在好莱坞的名声很大。然而，美国的一代新人已经成长起来，他们兴许根本不知道梅尔的大名。（奥黛丽说，当时有些年轻的记者竟分不清梅尔和乔斯·费勒。）现在，签立合约的都是奥黛丽。只要奥黛丽还跻身电影业，梅尔就依然能感觉自己在业内的分量，能够得到人们的尊敬，即使作为奥黛丽的咨询顾问，他也感觉很满意。

《谜中谜》剧照，1962 年。

“脆弱与坚强”

早在《蒂凡尼的早餐》杀青之前，奥黛丽就已经同意接拍一部新电影。听起来，这部电影的确可以满足她想演母性角色的夙愿。《双姝怨》的确会为她开辟一个全新的领域：女同性恋，这也是好莱坞影视圈新潮流的一部分。

《双姝怨》改编自丽莲·海尔曼的一部戏剧，主要讲两位女教师由于受到同性恋指控导致生活完全被毁的故事。其实早在1936年，这个故事就已经由威廉·惠勒执导拍成了电影《三人行》，但是影片粗制滥造，现在惠勒考虑重新拍摄，更名为《公开的秘语》。这部电影试图在保证商业利益的前提下摆出一副艺术解放的姿态。影片中从头到尾都没有提及女同性恋。

《双姝怨》并未将奥黛丽打造成一位“庄重正派”的女演员，但这并不能怪她。故事材料本来就属于二流水平，过时陈旧的情节使影片显得老气横秋；惠勒的导演方式也显示他已经上了年纪。他对电影中女同性恋幼稚的处理方式也曾为人嘲弄。但奥黛丽的魅力还是赢得了赞誉。《时代周刊》杂志称她依然表现出经典的“脆弱与坚

强”，“她的眼睛总是水汪汪的（暗示脆弱），而下巴却总是微微向前（显示其不屈不挠）。”

另外一个来自现实的痛苦打击是奥黛丽在好莱坞拍片期间失去了小狗“出名先生”。在日落大道上，小狗被一辆摩托车碾死。梅尔使出浑身解数来分散奥黛丽的注意力，不让她过分沉浸在悲伤之中。一回到巴黎，梅尔就给奥黛丽买了一条几乎一模一样的约克夏犬。奥黛丽马上给它取名为“山姆”；她用坚强的意志让自己对残酷的现实避而不见，希望实现最美好的愿望；她把第二个“出名先生”当作曾经以及将来的约克夏犬，它也从未在日落大道上惨遭横祸。至于《双姝怨》，她也一样对待，这部影片就这样淹没在奥黛丽的记忆之中。

此时奥黛丽更加强烈地珍视回到瑞士这一安全港湾的机会。在她即将投身下一部电影时，她获得了一次虔诚地拜访布尔根斯托克，并在那里小住几日为新电影“试外景”的机会，以期燃起她对新电影的信心。奥黛丽心里明白她是多么的幸运，出演霍莉·格兰特利让她抓住了电影时代变迁的机遇：这个狡黠的应召女郎对于玩乐的癖好恰好与大众价值观的大转变相契合，并掀起了一场享乐主义浪潮，最终在以“爱情、音乐和毒品”为主题的伍德斯托克节上达到高潮。

当理查德·奎因登门拜访时，奥黛丽依然在认真权衡继续接拍电影的利弊。此次造访布尔根斯托克，他还带来了一部乔治·阿克赛尔罗德的剧本，其中有个为奥黛丽量身定做的角色：好莱坞编剧年轻利落的女助手。她将编剧可能想到的情节演出来，帮他走出困境。用很快便流行起来的词来说，影片有“摆荡舞”的节奏。新片名叫《巴黎假期》。

影片将在巴黎拍摄，这就意味着奥黛丽能够离纪梵希近一些了，这总令她欣喜。当然，纪梵希会在这部影片中为奥黛丽设计戏服，也为她提供建议。奥黛丽和这位年龄相仿、内向而又出色的设计师非常亲密，一如兄妹。纪梵希似乎能在奥黛丽表达自己想法之前就读懂她的心思。没有人比这位心思缜密而

姝怨》剧照，1961 年。

又忠诚的男人更了解奥黛丽。像奥黛丽一样，纪梵希也接受清教徒严谨苛刻的工作准则，尽管他从事的事业被人们疯狂追捧并让他名扬天下，他却能让自己的私生活如此安宁有序，而这也是奥黛丽一直努力尝试的。奥黛丽向纪梵希吐露说她的婚姻生活并不如意。她与梅尔事业之间的差异渐大，变得紧张起来。当奥黛丽需要一个安定的住所来抚育儿子西恩时，她与梅尔曾经努力实现的相互厮守的誓言也渐渐瓦解。

可惜的是，《巴黎假期》并不叫座。这一时期，还有其他事情让奥黛丽更加不开心。八卦专栏开始说奥黛丽和梅尔的婚姻并不如意。奥黛丽不得已与梅尔分隔两地，确实让她很不开心，梅尔完工回来恰好目睹了拍摄《巴黎假期》时的一团糟，直截了当地指出奥黛丽判断失误，这一点奥黛丽自己早已心知肚明。梅尔的短暂出现就像《化身博士》里出席晚会、随后迅速离开的基尔博士和海德先生一样，正面和背面各戴一副面具。他们当时的婚姻状况也是如此。成功时，婚姻充满美好；现在的挫败感则让它变了脸色。此时此刻，他们俩都不愿意面对困境。工作虽不是解决婚姻困境的良药，但总有可能缓解一下。

拍摄奎因这部电影让奥黛丽吃了不少苦头，但在离开巴黎前她有幸得到了巨大的补偿。奥黛丽一个老朋友，一位经验丰富的电影制片人赶来救场并给她带来了一项新的提议。凭直觉奥黛丽知道这项计划一定很棒，就像她喜爱的设计师带来的服装一样新潮、优雅，讨人喜欢。斯坦利·多南给了她一部《谜中谜》，无论从艺术还是风格细节，这部影片都是20世纪60年代的“设计大师的电影”。更好的消息是，剧组成员中还包括拥有永恒魅力的巨星加里·格兰特。

而加里是英国籍演员，那时他正陪同年迈的母亲居住在布里斯托尔疗养院。当多南突然出现在疗养院门口时，加里感到十分惊喜；多南还给加里带来了《谜中谜》的剧本。加里认为剧本十分有趣，“要是奥黛丽来扮演剧中女主角就好了。”他说。

《谜中谜》讲述的是一段以巴黎为背景的浪漫之旅，影片还借用了詹姆斯·邦德系列影片的半虚幻技巧，这在当时此类影片中风行一时，被称为“希区柯克式悬疑”。这是一部后现代的玩笑，任何事情都不能只从表面理解，让人同时感到搞笑和惊恐。在电影开始的一组镜头里，一个参加葬礼的人突然把针扎进死者的身体来确认他确实已经死去；同声翻译室中传出的温情耳语惊醒了在联合国教科文组织大会上半睡半醒的大会代表们；一只丑陋的手枪直指女主角，但从枪口喷出来的却只是一发“水弹”；诸如此类的黑色幽默不胜枚举。奥黛丽这种珍惜传统生活方式带来的安全感的人非常喜欢无伤大雅的玩笑。《谜中谜》就是一部经过扩展、别出心裁的搞笑片，她十分喜欢这个剧本：“要是加里能出演男主角就好了。”她说。斯坦利·多南说，这部电影的敲定过程就是这么简单。

格兰特那时已经58岁，几乎要比奥黛丽大25岁。奇怪的是，尽管他们都声名显赫，两人却从未谋面。多南决定做这一老一少两个传奇人物之间的引荐人。“在电影开拍之前，我在巴黎的一家意大利餐厅预定了席位。我和奥黛丽就座后看见加里朝我们走来，他身穿一身棕褐色西装，看起来干净利落。我们都站起身来——对于奥黛丽来说，这礼节完全出自本能，尽管她本人也是和加里一样的大牌明星——我说，‘我就不需要介绍两位了。’奥黛丽说她几乎都不敢相信自己将和加里共进晚餐，更别提还要和他共事。”

“加里一直引导我放松下来。他深谙此法，张口即来。‘请坐，他对奥黛丽说，把手放在桌面上……很好……把额头伏在手上……不错……现在深呼吸……放松。’这时，奥黛丽的肘部碰翻了一瓶红酒，全部洒在了加里的西装上。她惊慌失措，像个在晚会上失礼的小孩。”但是这也考验了加里·格兰特在公众场合一贯保持的冷静泰然的风度。加里迅速脱下弄脏的西服，转身交给服务员送往干洗店，之后平静地坐下，穿着衬衣与奥黛丽共进晚餐。从此他

《谜中谜》1962 年，奥
黛丽和加里 · 格兰特

们之间建立起了愉快和谐的关系，这在影片中处处可见。

和所有其他同奥黛丽演过对手戏的“成熟”的男影星一样，格兰特也对奥黛丽的相对年轻十分担心，也害怕两人的年龄差距让人难以接受他们的恋情。在《谜中谜》这部影片中，他表现得进退自如，游刃有余，成功地营造了类似于30 年代荒诞喜剧的浪漫氛围：两个不合拍的人偶遇、分手，之后却在看电影时戏谑调侃过程中再次爱上对方。但是奥黛丽可不想就这样结束与加里 · 格兰特的爱情戏，解决方法是多南允许奥黛丽吻一下加里：并非缠绵的长吻，而是在加里那迷人的下巴上一阵轻如雨点的吻。多南说：“我非常喜欢这个场景：奥黛丽对加里说，‘你知道你哪里做得不好吗？’‘哪里？’他问。奥黛丽回答说，‘哪儿都好！’”这也是拍摄过程中奥黛丽对他一贯的态度。

1962 年意大利。

1962 年的冬天来得很早，也是有史以来最冷的冬天之一。由于《谜中谜》大部分镜头都是深夜在天寒地冻的户外拍摄，奥黛丽为了更加便利和安全，搬到了拉斐尔酒店。而此时的梅尔因为奥黛丽夏天拍摄《巴黎假期》的租期还未过期，下榻在位于枫丹白鹭的克雷斯皮尔城堡。这在媒体看来像是夫妻俩争吵不合，于是分居的流言又浮出水面。对此奥黛丽做出反应，要求电影拍摄期间提高警戒，让记者远离自己。一位来自西尼蒙德的摄像师冲进了奥黛丽的试衣间，她第一个反应就是迅速抓起西恩的照片藏了起来。在意大利境内，绑架富家孩子是一种发展迅速的犯罪行为。奥黛丽在布尔根斯托克的别墅最近被人闯入，《罗马假期》赢得的奥斯卡小金人被盗，但可能由于赃物不易再脱手，瑞士警方在附近的田地里很快发现了被丢弃的小金人。即使最后查出所谓"罪犯"只是位 22 岁暗恋奥黛丽的学生，她还是惶恐至极，深知自己的脆弱。

在拍片间隙，奥黛丽常常给梅尔打电话。她想要缩小他们之间的差距或者封杀流言，后来甚至在深夜两点溜出花园，在通宵营业小酒馆里给梅尔打电话。很显然，奥黛丽感受到的压力很大。

在电影《谜中谜》里有一句台词能够让所有机敏的听众为之一震。在听到这句台词时，也许人们并没有在意，但现在看来这句话带有强烈的预示性。台词出现的场景是这样的：加里・格兰特正带着奥黛丽去某个地方，此时她还不能确定这位浑身散发诱惑却又神秘难测的男人是否能够值得信任。他们进入电梯后，奥黛丽问他这是在哪里，加里扮演的角色回答说："在你住的那条街上。"当然，这句台词与《窈窕淑女》中的一句歌词完全一致。

1956 年，勒纳和洛伊的音乐剧在百老汇开演。奥黛丽仍在寒冷的巴黎冬日继续拍摄《谜中谜》，脑海中却不断地考虑着这个即将拍成电影的音乐剧——《窈窕淑女》。多年以来，这是奥黛丽第一次表达出渴望出演某部电影的愿望："我想我应该争取一下这个角色，"她在 1960 年说，"我从来没有像这

《时代周刊》杂志称她体
现出经典的"脆弱与坚

《巴黎假期》剧照。

样渴望饰演一个角色，必须让我出演伊莱莎。”但她清楚地知道，还有另一位出色的人在竞争这一角色。这个来自伦敦东区的卖花姑娘被语言学家亨利·希金斯教授训练成一位举止高雅的淑女并参加上流社会的舞会。英国籍女演员兼歌手朱莉·安德鲁斯已经在百老汇舞台上成功塑造了伊莱莎·杜利特尔，就像《罗马假日》成就了奥黛丽不朽名声一样，这部重要歌剧也将她打造成为大牌明星。1958 年，她在伦敦再次成功出演伊莱莎。对于那些看过她表演、听过她歌唱的百万受众来说，这一角色专属于朱莉·安德鲁斯，如果没有她的表演，《窈窕淑女》将无法想象。

奥黛丽从来没有必要竞争某个角色，她也知道如果自己赢得角色就意味着把朱莉挤下去，因为连奥黛丽本人都认为这角色本该属于朱莉。这会造成一场令人不悦的轰动。这是奥黛丽第一次竞争一个本来属于另一个人的著名角色。残酷的对比是无可避免的，也会淡化胜利的喜悦。她继续在巴黎拍摄《谜中谜》，并等待着伊莱莎这一角色的消息。从前自己饰演过的灰姑娘式的形象涌上她的心头。这双为他人准备的水晶鞋会不会也适合自己的双脚呢?

百万美元女郎

事实上，竞争根本不存在。为了弥补购买电影《窈窕淑女》版权时付出的高昂代价，杰克·L·华纳需要一位公认的电影明星来出演这一角色，而不仅仅只是个百老汇明星。

1962年9月，库尔特·弗林斯开始与电影公司商议奥黛丽的出场片酬。这位得力的经纪人在十月份已经达成协议，让奥黛丽毫无疑问地成为《窈窕淑女》的女主角。华纳兄弟电影公司从拥有《窈窕淑女》这一“资产”的哥伦比亚广播公司以当时的最高纪录550万美元购入该片版权。根据1962年10月20日签订的协议，奥黛丽将获得100万美元片酬。

最终朱莉·安德鲁斯勇敢地接受了华纳电影公司做出的决定，但还是在言语中流露出内心的失望。她提醒奥黛丽说：尽管她很有希望“大获全胜”，但还是应该意识到前面等待她的困难。“（尤其）是这两首歌，《等着瞧，亨利·希金斯》以及《我可以整夜跳舞》难度很大。（前者）需要很多力量，（后者）有很多地方音域很广。”没有说出口的

淑女》剧照，1964
黛丽饰演伊莱莎。

"她的嘴唇、她的微笑以及她的牙齿都是那么迷人，她的眼神顾盼生辉，如此可爱；她美得无可挑剔。"

疑问是：奥黛丽能够胜任吗？

1963 年 5 月 15 日，梅尔陪同有着同样困惑的奥黛丽抵达洛杉矶，因为接下来这段时间梅尔将出演一部名叫《单身女孩》的影片，小西恩则由意大利保姆照顾。在比弗利山庄酒店休息了一夜后，他们搬到了由华纳兄弟电影公司专程为奥黛丽在科德沃峡谷租赁的一所大房子。从一开始奥黛丽就养成了英国女士的生活方式。第二天一大早，摄影师塞西尔·比顿和导演乔治·库克就来拜访奥黛丽。一边喝着格雷伯爵茶，一面品尝着精致小碟中抹着薄薄黄油的三明治以及加果酱的瑞士卷。虽然奥黛丽正在节食，但还是允许自己享用这样的美食。比顿仔细打量着眼前这位即将由他打造的电影明星，之前他看到奥黛丽"极度瘦弱"，十分担心。比顿可能并不知晓奥黛丽还在忍受厌食症的困扰，否则一定会在他长篇日记中提到这一情况。但是奥黛丽的活力却让她纤瘦的身躯一扫苍白无力的迹象，否则摄像机一定会准确地记录下来。比顿称之为"一种景观"。"她的嘴唇、她的微笑以及她的牙齿都是那么迷人，她的眼神顾盼生辉，如此可爱；她美得无可挑剔。"

在对这位百万女郎的鉴赏上，库克显得更加实际。在影片前半部分场景中，库克希望奥黛丽将无拘无束的卖花姑娘演得"略带喜感，但无时髦之感。"比顿在日记中叹着气写道：想要化解这些相互冲突的要求，是"一个大问题"。事实上，这两个易于激动的男人的关系很快走向僵局，尽管迫于杰克·L·华纳的命令，他们曾经短暂休战，但两人的关系永远无法恢复到之前的状态。两人对于奥黛丽的态度乃是问题的关键，因为他们都声称自己和奥黛丽的关系更好：比顿是奥黛丽早先仰慕的摄影师、密友，他用照片记录奥黛丽的年代，也为奥黛丽提供服饰；库克是她的导演，无论是谁抢走奥黛丽都会激起他的妒忌之心。奥黛丽不得不在电影拍摄过程中大费周章，调解两位支持者的关系。

几乎一见面，奥黛丽就问库克："你同意在电影中使用我的声音吗？""如果你唱得好的话，"他回答说。"那么我会的。"他并没有给出肯定的许诺，这让奥黛丽十分担心。她担心的并不仅仅是经济损失。如果真让另一个人给她配音，而不是让她本人在音乐剧中倾力演唱，伊莱莎这个角色就会有一种不完整感，这会让她感到困扰。这样的妥协会在她的伤口上再撒一把盐，人们也会指责她抢走了原本属于朱莉·安德鲁斯的角色。她很早就开始练习剧中音乐，还请了一位擅长拓宽歌手音域的老师来指导自己。雷克斯·哈里森拒绝在拍摄前录好歌曲，这让奥黛丽更加努力地工作。尽管哈里森一些不合时宜的要求时常给他人带来诸多不便，但是他并非完全出于私利。哈里森指出当他“表演”这些歌曲的时候，他并不只是“唱歌”；可是如果提前录好歌曲，他就没法在舞台摄像时保证与录音完全同步。因此，奥黛丽就不得不在舞台上现场演绎她与哈里森同台的几场难度很大的戏。如果她的表现不符合要求，唯一的后备措施就是之后重新录音。

当然奥黛丽也曾在舞台上以及早期的电影里唱过歌，但是现在她的身边有艾伦·杰伊·勒纳担任裁判员，同时还担心因为勒纳曾奋力为朱莉·安德鲁斯争取这一角色而对她心存偏见。勒纳觉得将伊莱莎这一角色交给一位并非歌手出身的大影星的确有损他的艺术造诣和弗里茨·洛伊的音乐剧。当奥黛丽面对安德烈·普列文指挥的拥有 50 件乐器的管弦乐队时，她感到巨大的压力。尽管她已经努力扩展了五个音符，安德烈也称赞她的歌声“听起来令人愉快、充满信心”，但还远远达不到音乐剧影片的要求。后来还有人告诉她说，她所有的歌曲都由玛妮·尼克森重新录制了一遍。这是一位专业的歌剧和音乐会歌唱家，曾为《国王与我》中黛博拉·蔻儿配过音。这一消息让奥黛丽心里十分难受。到底是用尼克森的还是奥黛丽的歌声，还是用两个人的和声，这个问题只能等到影片粗剪后才能解决。此时没有人愿意给出答案，过早地扰乱奥黛丽的心绪没有什么好处。然而她早已心烦意乱，感到无法完全掌控自己的表演。

奥黛丽也十分担心扮演科芬园里的顽童会有损自己的形象，便试着减少

当她穿上伊莱莎的舞会
时，奥黛丽不仅仅是一位
的小姐，简直就像一位公

她身上的“脏乱”装扮。她允许在脸上涂上污渍，但只能“点到为止”，以便说明虽然之后她被慷慨地施与清水和香皂，但她平时接触甚少。但是全体决策人员的意见再次获胜。身穿肮脏、暗淡的长裙、捆绑式的衬裙以及破烂的灯笼裤，奥黛丽头戴橡胶园艺草帽跪在摄影棚铺设的脏兮兮的鹅卵石上，捡起希金斯教授鄙夷地扔给卖花女的几枚硬币。她还不得不将自己的指甲涂黑，用油腻肮脏的化妆油彩涂在手背上。当奥黛丽演到自己成为希金斯教授家庭一员的时候终于松了一口气。

《窈窕淑女》是最后一部招募了好莱坞所有能工巧匠的电影，服装师们正在忙碌地准备戏服，几十个女人正在为大批富有时代特色的戏服完成最后的点睛之笔——将头巾上插上冠毛，用线串起一串假珍珠，将紫罗兰缝制在胸衣上，将几码长的花样繁多的蕾丝和丝带做成褶带，还在优雅的上流人士的阳伞上绣上刺绣。这场景不禁让奥黛丽垂涎欲滴。她告诉比顿：“我不想演伊莱莎了，她没有漂亮衣服。我想穿上这些漂亮的衣服四处逛逛。”

她禁不住试戴别致的帽子，给自己披上丝巾，后来她索性偷偷溜进更衣室，穿着一套优雅的上层女士的服装出现在大家面前。她绕着支架台优雅自如地四处走动，就好像是在观看巴黎时装发布会一样，女裁缝们欢呼着鼓起掌来。杰克·L·华纳曾决定避免任何额外开支，现在他改变主意同意让奥黛丽和比顿穿着《窈窕淑女》的戏服拍一组照片。这些照片也成了奥黛丽·赫本最美的一组照片。任何人看了都会立即认为她就是那个时代最美丽的女人。而奥黛丽自己的镜子却总是照出不完美的自己。她常常贬低自己的容貌，别人的话根本无法劝服她。她的双眼“太小”，需要认真化妆才能让眼睛变成迷人的椭圆形状；而她的下巴——总是可以看出下巴是经过化妆修饰过的。有一次，她完全素颜出现在他们的瑞士近邻多丽丝·伯连纳（尤尔·伯连纳的前任妻子，也是奥黛丽的密友之一）的门前，高高昂起那张举世闻名的脸庞，让她的朋友好好看看。“看我的下巴多么方正。”她说。自此以后，多丽丝·伯

《窈窕淑女》剧照，1964 年。

连纳就给她起了一个外号，叫她"小方"。现在，她看着镜子里塞西尔·比顿打造的自己，一切疑虑都打消了。"自我记事起，我就想变得漂亮，"她用感激的口吻说着。"看着昨晚拍摄的那些照片，至少有那么一小段时间，我觉得自己是美丽的——这都是因为你。"

在四周封闭、除了梅尔·费勒外禁止他人参观的舞台上，她刚刚为歌曲《这难道还不令人愉快吗？》的录音表演完毕。库克导演将奥黛丽叫到更衣室，告诉她刚从演播室安全人员那里听到的消息：肯尼迪总统在达拉斯遇刺，恐有生命危险。

库克回忆那天早上，奥黛丽郑重其事地走到拿有喇叭筒的助理导演面前，

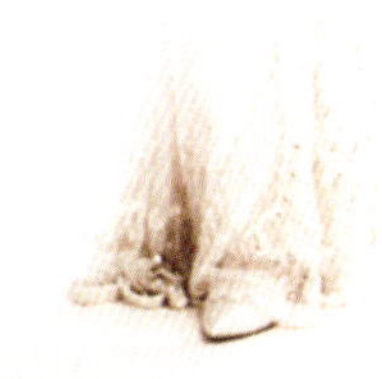

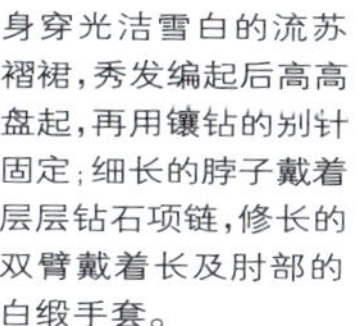

身穿光洁雪白的流苏褶裙，秀发编起后高高盘起，再用镶钻的别针固定；细长的脖子戴着层层钻石项链，修长的双臂戴着长及肘部的白缎手套。

“从他手中拿走喇叭，身穿卖花女那身笨重的长裙和头巾站到了椅子上”。剧组人员都十分好奇，愣在那里，不知道将要发生什么。奥黛丽用清晰而又紧张的声音小声公布了她刚刚得知的消息，并宣布全场静默两分钟。“祈祷吧，做些你认为合适的事情”。她从椅子上下来，跪在做成布景的科芬园的石子路上，将头抵在椅子背后像艾伦·亚历山大·米恩书中克里斯多夫·罗宾祷告时的样子开始祈祷。一两分钟之后，奥黛丽说“愿他安息”，“愿上帝怜悯我们和他的灵魂”。随后，奥黛丽神情恍惚地走回到更衣室。当然这个令人震惊的消息是一部分原因。正如平静后的奥黛丽所说，“根据英国的剧院习俗——美国也是这样——女主演或男主演会宣布一些灾难性事件。我只是做了我应该做的。”

随着影片故事的推进，伊莱莎渐渐摆脱了贫民窟流浪儿的背景，逐渐培养出优雅小姐的气质，奥黛丽的紧张感也消失殆尽。伊莱莎向高等社会的转变也改善了奥黛丽在影片中的容貌以及她本人的脾气。塞西尔·比顿坚持要求的发型让奥黛丽宽阔的脸型更加突出，现在她摆脱了这个发型，却依然要保留伊莱莎的愚钝。比顿要求在奥黛丽的小腿绑上沉重的垫子以便让她要像在花园石子路上行走那样拖着脚走，而不是像是走在铺着艾克斯敏斯特地毯的客厅里，借以展现伊莱莎留存下来的愚钝。随着伊莱莎渐渐养成上层阶级的口音，并拥有了举止得体的外部形象，奥黛丽也得以转回以往的风度和高贵气质。当她穿上伊莱莎的舞会礼服时，奥黛丽不仅仅是一位优雅的小姐，简直就像一位公主。

身穿光洁雪白的流苏褶裙，秀发编起后高高盘起，再用镶钻的别针固定；细长的脖子戴着层层钻石项链，修长的双臂戴着长及肘部的白缎手套，看起来就像细长精致的白色蜡烛。奥黛丽在雷克斯·哈利森和他的朋友威尔弗里德·海德·怀特（剧中平克林上校的饰演者）的陪同下，进入了舞会大厅。整个场景突然静止，每一个在舞会大厅中衣着光鲜、举止得体的人都静静地站成一排，心怀期待地注视着奥黛丽的入场。当奥黛丽走进场内，他们的掌声阻止了奥黛丽的前行。比顿回忆说，当时有一种奇怪的感觉，好像《罗马假日》里的年轻公主已经长大成熟，拥有了女王的气场。

但刚刚恢复状态的奥黛丽无法忍受拍摄电影的节奏，西恩高烧到39℃之后，奥黛丽也因为病毒感染大病一场。在她休息养病期间，拍摄工作停止了整整一个周末。在此期间，奥黛丽第一次让医生给她开了安眠药。现在常住在旧金山的母亲也飞来陪伴她。即使在重返工作后，奥黛丽的体重依然持续下降，并且难以控制自己的烟瘾，一开始的时候，奥黛丽还能坚持到拍摄完毕再去吸烟。剧组成员递给她一只“忍冬”牌（Woodbine）香烟时，她便迅速猛吸几口。她企图抑制烟瘾的一大原因就是吸烟有可能影响唱歌的嗓音。

实际上这一点她无须操心。这一天终于到来了:奥黛丽得到消息,她的演唱并没有达到要求,伊莱莎大部分的歌曲都将由玛妮·尼克森来演唱。奥黛丽立即反对,因为这样她就只完成了一半的表演。那天她要求早点回家,后来承认说她感觉就像是考试不及格的孩子。当天晚上她恳求杰克·L·华纳同意她重新录制歌曲,“这次一定会录好的。”华纳简短地告诉她,预算中没有重新录歌的余地。她坚持一定会有的。她得到的回答是:没有了,在玛妮·尼克森录制歌曲的时候就已经花完了。这样看来,从一开始就有了这个决定!这是对奥黛丽最残忍的打击。为了不让自己心烦意乱,她始终让自己沉浸在假想中,想象还很有可能自己唱。“奥黛丽,”杰克·L·华纳说,“这并非针对你个人的。”的确如此,这只是好莱坞一贯的做事风格。

1963 年圣诞前几天,奥黛丽完成了《窈窕淑女》的拍摄。但是她却没有满怀欣喜地返回布尔斯根托克宁静而又舒适的乐园,休息了几个星期之后,她便跟随梅尔从法国到意大利,随后又到了西班牙。因为梅尔在很短时间内,可能是接下来的一两年会连续执导或制作三部影片。她和梅尔依然信守他们在一起的约定,不过现在是以牺牲奥黛丽心灵的舒适和宁静为代价。无论付出什么样的代价,奥黛丽都决定要保持婚姻的完整无缺。因此,她把一切都憋在心里,绝不表现出来。

在这几个月里,她就像个编剧助理、制片总管,甚至有时对于新加入的年轻人来说,更像个训导员:她操劳着杂务,总想与梅尔保持较近的距离,因为他总是“对自己要求很高……我想如果我和他一起,至少我能帮一帮他。”但是奥黛丽付出的努力并不值得。《格列柯传》是一部由梅尔主演的身兼明星、制片人和音乐家的生平故事,但该影片在很多国家都不能上映。看到奥黛丽在梅尔片场做杂活儿的来访者都说她做这些琐事看起来好像驾轻就熟。多年以来,梅尔的西班牙情结越来越强烈,可能是他父亲的古巴血统起了作用。因此当梅尔与奥黛丽商量定居之事时,梅尔提议定居西班牙。这并不符合奥黛丽

我们接受她的优雅——"天哪，她做到了！"能够邀请到奥黛丽·赫本出演这一角色，百万美元的片酬物有所值。

的心意。作为一个北欧人，奥黛丽根本不喜欢炎热干燥的埃斯特雷马杜拉平原，也不喜欢梅尔拍电影的大篷车安营扎寨的西班牙其他地区。

《窈窕淑女》的首映吸引了世界各地诸多名流的目光，他们很想看看电影是否能与舞台剧相媲美，当然也想对比一下奥黛丽和朱莉的表现。华纳兄弟的 1500 万美元的投资也使该片成为当时最昂贵的音乐剧。

在伊莱莎较早的场景中，奥黛丽像只坏脾气的鸽子"咕咕"地发出伦敦东区特色的元音音节，希金斯叫她"压碎了的卷心菜"，这与赫本的一贯形象大相径庭，观众不禁发出嘘声。奥黛丽平日的浪漫气质被邋遢的外表、肮脏的脸颊、粗俗不堪的鬼脸以及反常的躁怒一扫而空。这个女孩令人怜悯，但并不脆弱。奥黛丽的伦敦东区口音听起来开阔响亮，但实际上却并不令人信服。相比之下，《甜姐儿》中奥黛丽出演的格林威治村的书虫在首次出场时就凭借自

《窈窕淑女》剧照，1964 年。

己充满哀愁的神态轻松博得了人们的爱怜和同情；而奥黛丽扮演的伊莱莎总给人一种不安的感觉，仿佛一个木偶。直到伊莱莎丢掉了她低下粗俗的口音，整个影片才得以转变，仿佛有一只魔棒轻轻挥过，改变了整部电影，也改变了伊莱莎。“西班牙的雨”这首歌充满能够像优雅小姐那样说话的喜悦，也表现出奥黛丽挣脱了蹩脚语言的锁链，用赫本影迷熟悉的轻快的声音来庆祝她的自由。我们还能回忆起影院里几乎可以察觉到的忧虑。当看到伊莱莎在希金斯的家中四处乱逛时，她就像只刚孵化不久、在主人的许可下晾晒翅膀的蜻蜓，影院里又爆发出阵阵掌声，好像观众们终于松了一口气一样。无可否认，玛妮·尼克森的歌声让转型更有深度，而不是仅仅停留在奥黛丽表现出的喜悦上。如果没有与如此自信清晰的歌声相呼应，转型就不具备说服力。从这以后，奥黛丽和影片渐入佳境。

洛勒和洛伊没有详述伊莱莎转型后打磨粗鄙的关键性场景，但是奥黛丽进行了完美的衔接。我们接受她的优雅——“天哪，她做到了！”能够邀请到奥黛丽·赫本出演这一角色，百万美元的片酬物有所值。在胜利之夜，伊莱莎并没有赢得霸道教授的爱情和尊重，他一心只想着赢得赌注，毫不关心让自己成功的女人。在这一幕中，伊莱莎完美地呈现出了自豪、自尊与心碎，也是奥黛丽演过的最出色的一幕。首映式结束后，观众们去参加招待会以及华纳兄弟电影公司举办的晚会时，人们对于这部影片获得数个奥斯卡提名大有信心，相信奥黛丽也一定会获得提名。

《窈窕淑女》一共获得 12 项奥斯卡提名，却没有一项是属于奥黛丽的。1965 年 2 月的一个下午，奥黛丽听闻自己无缘奥斯卡。虽然内心感到非常失落，她在公开场合却表现得落落大方。她祝贺朱莉·安德鲁斯因为出演电影《欢乐满人间》而获得提名，并希望她能够在最终角逐中大获全胜。

在布尔斯根托克一场小规模但却更令人痛苦的戏剧也在上演，而这与奥黛丽无缘入围奥斯卡不无关系。在奥黛丽拍完《窈窕淑女》并返回瑞士的几个月后，她与自己的公关师亨利·罗杰斯的关系也走到了尽头。这场争执涉及她的老友：休伯特·德·纪梵希。

“奥黛丽一直将纪梵希视为上帝，因为他一手打造了奥黛丽的时尚形象。凡是纪梵希的服装发布会，奥黛丽无一缺席。她也曾身穿纪梵希时装展里的服装拍照。纪梵希为赫本研制了女性香水‘禁忌’以及专属她的浓度比例。但是奥黛丽从未收取过为纪梵希代言的任何费用。她甚至按照零售价格全额购买这种香水。梅尔·费勒的观点与我相同，也认为这有点一厢情愿。梅尔对我说：

‘我觉得你应该和纪梵希聊聊，但是一定要和他的哥哥克劳德面谈这件事，因为他才是负责商业的。’我说：‘我会办好这件事情的。’”罗杰斯拜访了纪梵希时装公司，据罗杰斯所言，多年来奥黛丽已与这位女装设计师以及他的设计和产品结成亲密联盟，她理应得到一些经济回报，通过这次事件克劳德·德·纪梵希见证了罗杰斯雄辩的口才。罗杰斯说：“整个事情的处理方式十分友善。”

与此同时，戛纳电影节主办方努力尝试说服奥黛丽出席 1965 年 5 月的电影节。亨利·罗杰斯为电影节的主席罗伯特·法弗尔·勒布雷特出了一个主意：让奥黛丽以赞助人的身份出席电影节，这难道不是一个妙计吗？确实如此，电影节可能从那以后都采用了这一做法：每年都在不同明星的赞助下庆祝全球的影视盛宴。罗杰斯让法弗尔·勒布雷特觉得对他的工作感到非常满意。

“接着，我就收到了奥黛丽要我立即见她的消息。我搭乘飞机到达日内瓦，很快与她在布尔斯根托克会合。当时只有我们两个人，这让人觉得有些奇怪，通常梅尔都会在场。我们喝了一杯，然后开始吃晚饭。奥黛丽看起来很不开心。她在餐桌前哭了起来，我感到很担心，也很困惑。我说：‘奥黛丽，到底怎么了？’她抬起头看着我，然后说：‘你怎么能在我和最好的朋友中间插手！’纪梵希已经把我拜访他的时装公司以及提出签订经济合约的事情告诉了她。我告诉奥黛丽这件事是得到梅尔的完全同意才做的。即使是她事先知道，也无济于事。她与纪梵希之间的亲密关系已经被迫演变成一场商业交易。除此之外，她也并不喜欢戛纳电影节的处理方式。法弗尔·勒布雷特的用词让她觉得我们在向电影节施加压力。”

在这些情况下，亨利·罗杰斯认为哪怕不是故意为之，但让雇主如此受伤后他不能继续为奥黛丽工作下去了。他很有礼貌地同意中止他们的合作关系。“我们仍然是很好的朋友，后来我还继续向奥黛丽提供建议。”但是不久以后发生的一些事情也让罗杰斯明白当时奥黛丽之所以解雇他，是因为她还不想面对“解雇”丈夫这种事情的发生。事实上，当奥黛丽最需要罗杰斯帮忙应

好像《罗马假期》里的年轻公主已经长大成熟，拥有了女王的气场。

对美国电影艺术与科学学院对朱莉·安德鲁斯的偏袒时,他却不在她的身边。

1965 年 4 月 5 日,奥黛丽参加了在圣塔莫尼卡举办的奥斯卡庆典,她很清楚自己得不到任何奖项,但缺席的话必定会引来无端是非,给自己带来更深的伤害。一个大度的败将总要好过小肚鸡肠的逃兵。但是奥黛丽仍将在庆典中担任一项任务,只不过她在应主持人之邀走上台时并不知道自己将扮演一个颇具讽刺意味的角色。帕德里夏·妮尔由于出演影片《原野铁汉》中的家庭主妇荣获上一年的奥斯卡"最佳女主角"金像奖,理应由她为今年的"最佳男主角"颁发小金人奖杯。但是她最近不幸中风,半身不遂,并且失去了说话的能力。奥黛丽同意代她颁奖,这也是对她的严峻考验,因为她是唯一没有入围提名名单的人。她亲手将"最佳男主角"奖颁发给与自己联合主演《窈窕淑女》的雷克斯·哈里森。

雷克斯也反常地表现出了绅士般的慷慨大度,建议这一奖项应该由他们二人平分。然后,他转身面对坐在台下因《欢乐满人间》荣获奥斯卡"最佳女主角"奖、抱着奖杯的朱莉·安德鲁斯发表了感谢词:"感谢你们两位,"以此将舞台剧和电影中的两位伊莱莎联系到一起。这样似乎巧妙地避免了一场可能发生的尴尬场面,不过奥黛丽还是由于紧张和矛盾完全忘记提及中风的帕德里夏·妮尔。"帕特的丈夫罗尔德·达尔根本不相信奥黛丽会故意忽视这个可怜的女人。"

后来,让奥黛丽感到极大宽慰的是,帕德里夏·妮尔恢复了说话能力,能够亲口告诉奥黛丽自己一点都不记恨她,并且理解她当时受到强烈刺激的精神状况。但是这一事件及其公众影响还是让奥黛丽烦恼了数月,而亨利·罗杰斯认为,这件事让奥黛丽更加坚定了建立一道更加安全的高墙来保护自己生活的信念。结婚 12 年以来,奥黛丽第一次拥有了属于自己的家。

奥黛丽第一次表达出渴望出演某部电影的愿望，这部电影就是《窈窕淑女》。“我从来没有像这样渴望饰演一个角色，必须让我出演伊莱莎。”

时尚与绯闻

奥黛丽终于定居下来。他们在瑞士扎下根来，住在一个名字拗口的小镇上，行政上属于莫尔日区管辖。这个农庄在日内瓦高速公路附近，距离洛桑只有十五分钟车程。这个理想居所是为西恩、而不是为奥黛丽或梅尔选择的，因为法语是该行政区的通用语言，奥黛丽急切地想要儿子能够尽早学会法语。这样孩子就能去离家百码远的学校读书。“这就是我想要的一切，”她边说边审视着自己的新家，并立刻将其命名为“和平之邸”。

然而和平之邸也并非充满了宁静。大马路距离正门没几步，仿佛切断了那片触目可及的葡萄园。花园的外墙是坚固的堡垒，尽管墙上写着“请按门铃”，实际上任何来访者都不受欢迎：瓷砖上还有一则警告：“小心有狗”。奥黛丽于1965年以1.85万英镑买下的是一座18世纪低矮、狭长的农场，但看起来更像是一座庄园，不像是农庄。桃红色的石灰墙，鸭蛋青的百叶窗，卧室和阁楼的空间很宽敞。两个高高的金属尖顶装饰着山墙，就好像小小的桅杆。房子坐南朝北，维吉尼亚爬山虎会让整个正墙变成红色；两棵高大的柏树矗立在庭院的西侧，东边则是一棵巨大的枫树。和平之邸是一位挚友引荐给奥黛丽的，她就是多丽丝·伯连纳。

花园是奥黛丽的最爱。每到春天，苹果树就将花园变成花的海洋。奥黛丽首先做的就是将它收拾成一个英式花园，在里面种满白色的花朵。供儿童玩耍的秋千和滑梯也被安放在离房子很近的地方，这样奥黛丽就能时刻关注西恩和他的玩伴。多年来奥黛丽与梅尔收集在仓库里的零散家具也最后一次被搬了出来，一一摆放到位。房子立即有了一种优雅舒适的气氛，不像是电影明星的家，而是供孩子成长的家。在这里，她接待来访的国外朋友，让前来商谈合作计划的电影同行沉浸在不同寻常的放松气氛之中，即使遭到女主人的拒绝也并不感到特别难受。这里成为奥黛丽终生的居所，她的生命也将在这里画上句号。

奥黛丽现在心满意足，可能无法看出定居并没有给她的婚姻带来宁静。和平之邸是一个休养生息的地方，却不是梅尔可以适应的。梅尔是个四海为家的人，对他来说没有比从一个地方换到另一个地方、从一部影片转战另一部影片更开心的事情了。他从不同语言的影片中享受着不同的文化。特洛什纳并非偏僻落后、人迹罕至，但是在传真机器和即时通信工具还未被发明的时代，这里确实不是做生意的理想地点。尽管奥黛丽才是夫妻中的“明星”，但是十几年来，奥黛丽始终对梅尔亦步亦趋，按照他的节奏生活。然而梅尔依然着急扩展自己的疆域，当然如果可能的话，为两人的事业创造共同的机遇。奥黛丽虽然忠诚地跟随着他，但是现在却要以对家的眷恋为代价，这个家在她眼里“相当于第二个奥斯卡奖”。

上届奥斯卡颁奖礼上给帕德里夏·妮尔造成尴尬之后，奥黛丽陪同梅尔去西班牙。西班牙对于梅尔的吸引力显而易见，然而对于梅尔来说不幸的是《卡布里奥拉》或《每天都是假日》上映时正赶上塞缪尔·布朗斯通电影制作帝国崩溃（不久后破产），整个西班牙电影制作行业的大势已去。很明显，马德里

1967 年 4 月，奥黛丽和梅尔带着儿子西恩在迪斯尼乐园游玩。

并不是梅尔的未来。但是伊比利亚半岛的魅力让梅尔无力自拔，他无法放弃在如此令人舒适的纬度地区工作或生活的打算。梅尔与奥黛丽漂泊不定的生活方式似乎也给梅尔造成了伤害。

对于奥黛丽来说，未来意味着机遇，也预示着问题。此时奥黛丽应该重塑形象，让自己的外貌和品位更贴近年轻一代，因为他们已经摆脱了艺术和娱乐业的陈规旧俗。36 岁的奥黛丽要完成这样的转型不仅需要技术，还需要勇敢和毅力。当库尔特・弗林斯给她提供第一个机会的时候，她便迎头而上，接拍了一部符合当时流行趋势的犯罪剧情的电影，影片轻描淡写地对待犯罪行为，最后让罪犯笑着从银行安全脱身。

在巴黎的布洛涅制片厂，奥黛丽・赫本开始以全新的形象拍摄《偷龙转

1967 年，《俪人行》剧照。

凤》。奥黛丽曾经的优雅气质依然存在，纪梵希为她打造了时尚写手们笔下的“时髦外形”。她曾经一贯的保守风格不复存在，取而代之的是一种干练的男孩子气。她身穿英皇街风靡一时的钻石图案紧身衣，顺滑的头发如今变得蓬松，裙子短了几厘米，鞋跟则相应矮了些。她穿着最时兴的人字呢套装，衬衫上缀有扁平的铜扣，有点类似水手的紧身短外套。她的最新造型中有很明显的搞笑元素：她的一顶帽子就像是流线型的白色摩托车头盔，鼻梁上还架着硕大的太阳镜，似乎有点像外星来客。很快，无数女人开始模仿她戴这种太阳镜。毫无疑问，所有的装扮都可以看出对于当时活力四射、留着爆炸头的披头士乐队的致敬，以满足偶像崇拜的年轻一代。

英国演员彼得·奥图尔欣然接受了在威廉·惠勒执导的轻喜剧中与奥黛丽合作的机会。他在剧中饰演奥黛丽为救父亲聘请的飞贼。“我担心自己变成一个戏剧性的演员，总是一副自我折磨和自我怀疑的样子，总是痛苦地望着最遥远的地平线，”这位主演《阿拉伯的劳伦斯》和《吉姆老爷》的明星这样说道。他还故意出演《风流绅士》以拓宽自己的戏路，现在他想要在奥黛丽·赫本面前继续采取性感路线，也许不是那么搞笑，但至少让他有机会带点“加里·格兰特的范儿”。

《偷龙转凤》是一部浪漫轻喜剧，轻松愉悦中夹杂着一丝梦幻色彩，这正是《巴黎假期》本来应该呈现出来的面貌。摄影师查尔斯·朗再次担任摄像让奥黛丽更加安心。她与导演威廉·惠勒之前已经合作过两部影片，已经建立一种默契，即使惠勒还没精确、挑剔地告诉她该如何演，奥黛丽已经清楚地知道他的想法。这部影片没有试图挖掘搞笑场景背后的深意，剧情非常轻松，情节甚至有些轻率，让演员们演起来毫不费劲。

奥图尔也帮助奥黛丽调节演出状态。和斯坦利·多南一样，他很快发觉奥黛丽始终有所保留，没有完全放开。对于一个有着爱尔兰气质的男人来说，这简直是小菜一碟。一开始奥图尔就明白他们之间的任何浪漫都只可能发生在剧本里。因此，他用另外一种方法来冲破她的警戒——幽默。在抢劫行动开始之前，他和奥黛丽有一组镜头是两人身处狭小的储物室里，彼此距离很近。因为他们两人都很瘦，挤在一起并不难受。奥图尔抓住机会与奥黛丽开开玩笑，这种应景的玩笑总能让孩子气的她咯咯笑。彩排之后，在惠勒下令开拍之前，奥图尔小声对奥黛丽说："这很可能就是躺在棺材里死亡的感觉。”奥黛丽低声说："你害怕死亡吗？”他说光想想就能把他吓傻。“为什么呢，彼得？”奥黛丽问。奥图尔带着爱尔兰口音面无表情地回答说，“死了肯定就没有未来了。”听了这话，奥黛丽突然开始捧腹大笑，其他人简直从未听过纤弱的她发出的如此笑声。惠勒把他俩叫出来，质问究竟发生了什么。奥黛丽笑得直不起腰，只好踉踉跄跄回到更衣室躺下来平复自己。奥图尔对自己的成功很是得意，忘情地舔了舔嘴唇，仿佛成功地完成了一次亲密接触。

电影最终大获全胜，也证明奥黛丽能够让自己适应 60 年代更快的制片节奏。然而，气氛中有另外一丝微妙、能够察觉的变化：奥黛丽和奥图尔有 3 岁的年龄差距，奥黛丽在年龄上开始大于男主角。

1965 年 12 月初，奥黛丽惊喜地发现自己再次怀孕。她想再要一个孩子的原因有很多。其一，她并不想让西恩成为独生子。尽管奥黛丽有两个同母异父的哥哥，但她始终觉得自己被当作家中唯一的孩子。父母离异之后，她就只身一人，没有兄弟姐妹能够帮她分担双亲离异带来的痛苦。其二，奥黛丽也希望再添一个孩子来稳固婚姻。梅尔并没有陪她到巴黎拍摄《偷龙转凤》，尽管自六月以来，梅尔十分积极地为奥黛丽与华纳兄弟电影公司洽谈新片项目，但他们之间的关系似乎变得更加职业化。1966 年 1 月上旬，奥黛丽被送进洛桑一家诊所，不幸再度流产。她心情沮丧地回到家中，孩子已经没了，她还担心会失去丈夫。

然而这一挫折也得到了意外的补偿。流产意味着之前她在考虑的新电影可以开拍，这可比预期的拍摄时间要提前许多。尽管这部影片也是关于激情退去之后，现代婚姻的紧张和压力，但对于奥黛丽此时的心情来说工作的确可以让她找到一些安慰。《俪人行》是一部余味苦涩的喜剧，讲述了一对生活无忧的夫妻由于秉性不同而陷入无尽的家庭矛盾的故事。

编剧弗雷德里克·拉斐尔刚刚以《亲爱的》大获全胜，于 1965 年为朱莉·克里斯汀和自己各赢得一项奥斯卡奖。弗雷德里克产生《俪人行》的创作想法时，“我开着车向法国南部驶去。我想，如果我们能够赶超自己——超越过去的自己，然后回头看看过去的我们是什么样的人，是如何变成了今天的自己，这会是多么奇怪。这个念头一进入我的脑海，我便告诉自己：‘这可是个电影剧本！’”的确如此，但是谁来演呢？拉斐尔将这一想法告诉斯坦利·多南，结果是他们两人都去与奥黛丽会面。“那时候她还居住在布尔根施托克，不过可能是最后几个月住在那里了。”拉斐尔回忆说。“她说道，‘这个创意很好，但不会奏效。’斯坦利说道，‘我们会写一个剧本。’奥黛丽说，‘这的确是聪明之举，但我之前就曾这样引火上身。’她想起了《巴黎假期》，跳跃式剪辑让人虚实莫辨。”

拉斐尔必须在剧本上花费大量功夫，因为剧本中“时空切换”结构在当时十分新颖，对于英语电影来说也是较为大胆的做法。影片跨越 12 年，夫妻俩四次前往欧洲大陆旅行，期间经历了恋爱、婚姻、出轨、濒临离婚和最后的武装休战。脾气无法控制的时候，他们开始向对方宣战，相互大吼大叫，但是几乎与此同时，他们又迅速合好，紧接着又开始争吵。20 世纪 60 年代末期有一个广告语将当时崇尚物质的年轻人刻画为“逃跑的人”，拉斐尔剧本中的夫妇俩就是这类人，但是比商业广告中的夫妻俩更贴近生活现实。丈夫给人的印象是生性粗暴、争强好斗，有时盛气凌人，但非常性感。妻子能够在丈夫的恶语相向中依然淡定自若，但时常把对丈夫的指责挂在嘴边，还恭喜他说这么多年来他从“脾气败坏、散漫自负的失败”变成了“脾气败坏、散漫自负的成功”。

他们还爱着对方，但是维持感情的是一种张力，就像一滴水珠由于表面的张力而保持完整一样。他们常常将两人的感情当作根据地，然后你来我往、唇枪舌剑。“贱人，”马克对乔安娜说。“混蛋，”乔安娜反击马克。这是拉斐尔剧本的最后两个词语，但是在这现代式的玩笑中暗含的词语是“皆大欢喜”。

这个剧本与受到保护的奥黛丽之前看到过的剧本完全不同。奥黛丽表现出一些迟疑，说她几乎看不出其中的“故事”。这是可以理解的，因为剧本中压根就不存在传统意义上的故事。拉斐尔使用了由法国“新浪潮”电影制作人如特吕弗以及戈达德为法国电影人赢来的叙述自由，以此来解构、同时再创作美国经典的神经喜剧。

斯坦利·多南已经将剧本送给了保罗·纽曼，希望他能够出演丈夫。纽曼回答说，这是一部“导演电影”，并非一部“明星电影”。之后剧本送到了阿尔伯特·芬尼的手上。同格兰特一样，奥黛丽也从未见过芬尼。阿尔伯特·芬

尼已经凭借《浪子春潮》在国内家喻户晓，而《汤姆·琼斯》一片让他迅速成为国际明星。这些影片奥黛丽都没有看过。奥黛丽问芬尼究竟有多大岁数，有人告诉她芬尼到5月就满30岁了，他们有7年的年龄差距——她的搭档确实越来越年轻了。然而，两人生日却相差无几——奥黛丽生于5月4日，芬尼生于5月9日，这倒是个好兆头。奥黛丽同意了与芬尼的合作。

那时候的阿尔伯特·芬尼看起来还像个调皮的小伙，头发乱糟糟的，狂妄自大，有着来自中部地区特有的自然充沛的活力，一双眼睛不无机警但似乎对他人的感受漠不关心。他身上并没有英国戏剧中教养良好却性格平庸的缺陷。他从扮演工人阶级男性起家，迅速成为上流人物，尽管他对生活的态度渐渐被生活中美好的东西抚慰，但他依然傲慢粗犷。

斯坦利·多南回忆说："阿尔伯特在和奥黛丽吃晚饭前给我打了电话。他说，不管发生了什么，我不许在他出现的时候发笑。"芬尼和一位男性朋友一起出现在了餐厅。"让我感到好笑的是，"多南说，"他一路小碎步走过我们的餐桌，过分庄重地向奥黛丽伸出手，慢条斯理、口齿不清地说：'我们非常高兴能够和您共事。'"他的朋友也开始帮腔。多南没有说话。一开始，奥黛丽有些疑惑自己是不是过早地给他下了结论。这不可能是那个扮演和工友的老婆上床的角色，或者亨利·菲尔丁笔下能在与女孩进餐时极尽肉欲挑逗之能事的18世纪的码头工人的芬尼。

芬尼继续说着，总是用"我们"来代替他自己——"我们很喜欢您上一部影片，赫本小姐……我们认为您很美丽，赫本小姐。"多南说："他表现得完全不会让人生疑。奥黛丽看了我一眼，做了个鬼脸，好像在问她怎么能和这个男人演一场情爱戏。我耸了耸肩，好像回答说，'我能怎么办？'后来奥黛丽好像下定决心，尽力圆场。"然而，坚持了半个小时、认真地装出口齿不清、比比画画以及满口华丽的赞美已经让芬尼吃不消了。"他忽然大笑起来，"多南回忆说，"奥黛丽挑起了眉毛，意识到自己上当了，也和他们一起哈哈大笑起来。芬尼边笑

年，《俪人行》剧照。

边语无伦次地保证说一切都光明磊落，他们绝对不是同性恋。”这个恶作剧不仅打破了陌生感，也为后来影片中这对年轻夫妻之间斗嘴和偶尔打架场景奠定了基调。

奥黛丽的妆容是完全按照她的指令来做的。在选择影片戏服时，危机来了。多南告诉奥黛丽，纪梵希不再为她设计戏服，但是奥黛丽极力反对，连多南都没有预料到她会如此坚决。“他（纪梵希）是她另一个重要的保护人，现在我要从她身边带走他。”这和当初她与亨利·罗杰斯的争执一样，好像第三者插进了她和她最亲密的知己中间。但多南的立场非常坚定。多南指出，尽管《俪人行》中的年轻夫妇生活富裕，却不会花钱买巴黎高级女装。不论纪梵希如何努力低调处理奥黛丽的服装，他都无法完全丢掉自己的风格。一想到要为奥黛丽的每一件衣服和饰品争执半天，多南就感到不寒而栗。

以往纪梵希的典型风格——几何线条、船形领口和卷轴腰带——如今被紫红和黄色渐变条纹，或者是耀眼的祖母绿色的紧身羊毛衫取而代之。还有一件帕科·拉巴纳设计的银光闪闪的裙子。其中一件蓝绿色的棉布衫就像是花5英镑从英皇街的精品店买来的，还有从同一家店买来的黄色塑料鸭舌帽。一条化纤的西裤又细又黑，简直像根甘草；还有时髦的全包边太阳镜。“《俪人行》中的奥黛丽，”一本时尚杂志写道，“给那些认为三十多岁的女孩就应该把头发扎起来、穿着长裙子的人好好上了一课。奥黛丽证明根本不是这样。”这正是他们想要的效果。

“我发现奥黛丽对水的恐惧很奇怪，”多南说，“她讨厌待在水里，不管是大海还是游泳池。当我们拍摄阿尔伯特将她抱起然后把她抛进游泳池的那一幕时，她对我说：‘难道不能用替身吗？’我说：‘奥黛丽，这个场景我根本没办法用替身拍。人们得认得出是你被抛到了水里。’‘好，’她说，‘如果阿尔伯特把我扔进水池，我很有可能会犯心脏病。’”大家花了整整3天时间来哄奥黛丽下水。不过奥黛丽还是完成了这一场景的拍摄：多南往她头上浇水以避免让她沉到水面以下。两位助理导演身穿泳裤站在镜头之外，却算错时间跳进水里救起惊慌失措水花四溅的奥黛丽·赫本，结果不得不重拍这一场景。对于奥黛丽扮演的这个为她量身打造的角色，弗雷德里克·拉斐尔没有任何怨言。他是个一丝不苟的作家，发现奥黛丽非常好奇地分析台词中隐藏的人物的内心生活。“她提议对一个重要场景需要进一步明确。我重新写了那一部分，觉得有所改进。但奥黛丽并不这样认为，她又想了想，认为原版中的模棱两可更好一些。‘你愿意和我对台词吗？’她问。我们对完台词后又恢复到第一个版本。她可以改变自己的想法，承认自己的错误，又从头到尾完善一遍。一个明星能够做到这一点，实属难得。”“我记得听到她给斯坦利读一句台词的八种演绎：‘你好，亲爱的。’她认为其中第六种是最合适的。她总是追求完美，这就是奥黛丽。”

《俪人行》上映后获得的评论褒贬不一，但它却是奥黛丽出演影片中让最多的评论家不停修改评价的影片。现在，这部影片由于文类的混杂和时空的转换、看待已婚生活的敏锐眼光以及幻灭和醒悟后依旧坚持爱情信仰而备受推崇。这部电影是典型的安格鲁-美利坚式合作，将英式讽刺和好莱坞的童话风格融合起来。虽然芬尼在表演时偶尔脾气暴躁，却有助于表现英式讽刺；而奥黛丽则保证了后者。几乎二十年后，一位来自纽约《村声》杂志的评论家写道：“瘦弱、精灵般的赫本和强壮、世俗的芬尼在形体和性情上的差异让爱情故事更加动人，也让他们之间的关系更具挑战性。他们人生片段的小插曲与拉斐尔在《亲爱的》中的设计一样尖锐辛辣，但他们的表演顺应了明星魅力这一美国传统，获得了很多情感分。”这正是美国影片制片人冲到英国想要制作的电影类型。《时代杂志》用当时另外一个流行词将英国形容为“一切皆有可能的地方”。奥黛丽重新成为时尚宠儿。

路的尽头

“我们应该离婚。”这是阿尔伯特·芬尼在《俪人行》中的一句台词；但是他的语气充满爱意，仿佛他与奥黛丽在影片中饰演的夫妻感情深厚得可以让人假装感情破裂、肆意放纵。

但是奥黛丽与梅尔之间的感情的确出现了问题。一开始，奥黛丽对于报纸上梅尔和其他女人之间的绯闻充耳不闻。即将破裂的婚姻让奥黛丽感到惴惴不安。西恩已经六岁了；当年奥黛丽父母离异时，她也还年幼。她不想让儿子同样经历这种毁灭性的失落感。奥黛丽宁愿忍受一切来防止这一可能的发生，哪怕只是延迟一下也好。她甚至愿意再出演一部梅尔执导的影片。

奥黛丽正忙着拍《俪人行》时，梅尔一直积极地筹划新片《盲女惊魂记》。开始接触这部影片时奥黛丽心存顾虑，因为女主人公是一位盲女。只要想到失明，奥黛丽都感到心慌意乱，更别提要扮演失明。她完全无法想象失去视力的生活究竟会是什么样子，这让她不寒而栗。但是华纳兄弟对这个故事非常痴迷，甚至早在舞台剧在百老汇上演前

《盲女惊魂记》异军突起取得了相当出色的票房成绩，甚至再次为奥黛丽赢得了奥斯卡提名。

就买下了剧本。剧本作者是以另一部惊悚剧《电话谋杀案》而闻名的弗雷德里克·诺特。这部独幕剧是关于一位盲女身处贩毒团伙胁迫困境的故事，狡诈阴险的毒枭想用诡计骗她交出藏在她住所的一包海洛因。

拍完《俪人行》之后，奥黛丽在等待《盲女惊魂记》开拍期间请人把她和梅尔在马尔贝拉购置的别墅装修完毕。但奥黛丽内心还是很怀念心目中唯一的家“和平之邸”以及那金色秋日里新鲜的空气。1966 年，她回到瑞士过圣诞节，并出席了村里小学生举办的一场耶稣诞生的戏剧表演。

与此同时，即将扮演盲女让奥黛丽受了不少苦头。她造访洛桑的一家盲人诊所，并向一位教授咨询失明的人在哪些方面更为敏锐。1967 年 1 月，奥黛丽前往好莱坞，并在纽约暂作停留，继续她在灯塔诊所的考察。她戴上了一种专门为即将失明的人特制的眼罩，好让他们体会将要面对的情形：学会如何拄着白色拐棍试探性地走路，听不同的脚步声来判断走路人的方向，训练如何“盲眼”打电话（影片中有很多这类场景），如何沏茶并通过上升气体的热度来感知茶杯是否倒满，如何通过感知热量来判断面前是否有电灯。这些在《盲女惊魂记》中十分重要，因为被围攻的女主人公要奋力打碎公寓中所有的灯泡，让敌人同样身陷黑暗之中，以进行这场考验精神、智慧和蛮力的战斗。这让奥黛丽回想起在准备拍《修女传》时经历的各种训练，不过这一次是身体上的，而不是精神上的。

转战纽约后，奥黛丽本以为自己装扮的盲女形象还不错，但在观看样片后这种满意感被无情地一扫而空。奥黛丽那双招牌式的明眸在影片中仍然过于闪亮。摄制组订购了隐形眼镜，这并非当今常见的柔软轻薄的镜片，而是坚硬的玻璃制品，让奥黛丽觉得眼睛里进了沙子一样，再加上寒风一吹，她的眼睑红通通的。不过至少还有她最喜爱的摄影师查尔斯·朗，他倾听奥黛丽诉说自己的不快。查尔斯感到，这不再是过去与他开心合作的奥黛丽了。基本上在每个场景里都是她孤身一人面对越来越残暴的歹徒。哦，曾经霍莉·格莱特利的魅力哪里去了？华纳兄弟电影公司一向吝啬，剧组转移到好莱坞后才稍有好转，奥黛丽和梅尔住进了比弗利山酒店的一套平房，开始享受弗林斯签订的合约中的每一项“福利”，其中包括下午 4 点在搭建的仿英式花园中举办的茶歇。这不禁让人想起拍摄《窈窕淑女》时那些高雅的日子。

现实让她清晰地认识到，如今，她的好莱坞发生了剧变，变得更加严酷。变化的节奏逐月加快，银幕禁忌也像多米诺骨牌一样迅速坍塌。更有甚者，与米亚·法罗主演流浪儿和受害者的《魔鬼圣婴》等影片比起来，于 1968 年年中上映的《盲女惊魂记》似乎已经过气；关于连环谋杀案的影片《侦探》通过直白的医药情节来吸引猎奇的电影观众；社会讽刺片《毕业生》涉及年长女性和年轻处男的恋情，奥黛丽还曾收到罗宾森太太这一角色的邀请；《一双血手》中饰演连环杀手的罗德·斯泰格尔也同艾伦·阿金一样进行不同的伪装处理，结果却只能让影片显得更加奇怪。然而《盲女惊魂记》却异军突起取得了相当出色的票房成绩，甚至再次为奥黛丽赢得了奥斯卡提名。

1967 年 4 月底，她回到瑞士，感到自己似乎与整个时代脱了节，与丈夫之间也出了问题，她尝试着解决这一问题。同年 7 月，医生确诊她再次怀孕。此时梅尔却不在她的身边，而是身处马尔贝拉。几个星期之后，同样的悲剧再次发生：奥黛丽又一次失去孩子。她沮丧到了极点，体重骤然下降到 112 磅。奥黛丽无奈地表示想要分居，利用这段时间好好想想。奥黛丽表现得十分冷静，没有歇斯底里，也没有怨天尤人。在她心里最重要的就是要保护西恩。

尽管事前已经流言四起，夫妇俩宣告分居的消息还是让每个人都大吃一惊。双方分别通过库尔特·弗林斯在好莱坞的代理办公室对外做出分居声明。奥黛丽和梅尔“目前”达成一致，希望分开生活，并各自追求事业。声明中没有给出任何理由，也并未提及离婚。此时恰逢《俪人行》新片上映，还有人认为这是宣传这部表现婚姻危机的影片而进行的炒作。然而更多人相信分居一定涉及其他女演员。实则不然，这的确是婚姻内部不和所致。仅在两周之前，梅尔夫妇还应盖伊·德·罗斯柴尔德男爵夫妇之邀强颜欢笑出席了多维尔赛马旺季中最主要的社交活动——购物节。

宣告分居之后，梅尔飞往日内瓦，随后前往特洛什纳。梅尔一反常态，寡言少语，只说自己要“回家”。而此时的奥黛丽并不在家中，她留在了重重保卫下的布尔斯根托克的古老别墅。3 天后，奥黛丽回到了“和平之邸”，夫妇俩若有所思地并肩走在草坪上逐渐变黄的苹果树下，梅尔的胳膊环绕着奥黛丽瘦弱的肩膀，两人头靠在一起亲密地交谈着。多年之后，奥黛丽才能平静地回忆这段时光，并公开地发表评论。从她的评论可以看出奥黛丽本人非常执着地留恋童话情结：“婚姻的破裂对我来说是一件可怕的事，”她对自己信任的为数不多的记者亨利·格里斯说道,“甚至是一个彻底的失望。我认为两个善良、可爱的人的婚姻一定会走到最后,直到死亡将其分离。我无法告诉你,当时我的感觉是多么幻灭。我再三努力过。我知道与世界名人的婚姻十分困难,四处被人认出,在银幕和真实生活中频遭揣测。我理解梅尔的痛苦,但是,请相信我,我始终是把工作放在第二位的。”从这句简单的肺腑之言我们也可以了解梅尔的辛酸:电影事业慢慢走下坡路,奥黛丽虽然几次尝试“出手相救”,但只能屡次加深奥黛丽的失望,或者让她毫无个人满足感。

这时奥黛丽并没有考虑离婚,因为她不想西恩卷入可能发生的监护权之争。律师要做很多事情。幸运的是,他们并没有公开激烈争吵过。梅尔可以去看儿子。奥黛丽难以接受的是她心中仍然多少认为自己对婚姻破裂负有责任。她深知自己亏欠丈夫:他为她的事业导航,以其精明强干帮助奥黛丽赢得了丰厚片酬,构建两人世界,并给她带来一个儿子。这些事情都压在奥黛丽的心头,让她觉得孤绝。梅尔将自己沉浸在工作中,并打算重回戏剧舞台,因为这里才是他的心系之所。“和好还是有可能的,这也是奥黛丽所希望的,”奥黛丽的一个朋友说道,“但是,几个月过去了,与家庭相比较,似乎事业更让梅尔满足。”1967 年冬天,奥黛丽带着西恩前往马尔贝拉度假,梅尔却没有同行。1968 年初,梅尔在纽约肯尼迪机场等待儿子搭乘瑞士航空航班来与自己在曼哈顿住上几周,然后去加里福尼亚租好的房子里过上一段时间。然而儿子没有在机场出现,等到的只有来自奥黛丽的消息:她无法忍受与儿子分开。随后,这对父母并没有什么交流,律师进行了几乎所有的交涉。不可避免的财产分割和其他事项也费尽周折,最终全部办妥。此时奥黛丽觉得离婚是一个更好的选择。

1968 年夏天,奥黛丽应保罗·韦勒之邀乘游艇环游希腊岛,同行的还有一位出身名门的意大利帅气小伙安得烈·多蒂,他喜欢社交,但在奥黛丽看来,同样有着严肃的一面。他三十出头,是罗马大学精神临床学科的副主任。

对于安得烈的职业和兴趣来说，他关心这位独自带孩子的寂寞女人是再合适不过了。

然而，这并非一见钟情。从多蒂医生的方面来考虑，不管他是否能够意识到，这份感情中也掺杂着对偶像的崇拜和热爱。第一次见到奥黛丽时，他还只是个 14 岁的男孩。他反复看了好几遍《罗马假期》，并被影片中的女孩深深地吸引。女孩如此喜爱罗马街道，这正是他再熟悉不过的。从此以后，他从未

奥黛丽在罗马。

遗漏过奥黛丽任何一部影片。20 世纪 60 年代，当奥黛丽和梅尔在罗马出席大型社交晚会时，多蒂还处在这一社交圈的外缘。现在，世事拉近了他们之间的距离。奥黛丽开始向他寻求建议，倾吐内心的苦恼。对于这位好心的医生来说，这简直就是一部电影。

往年的精神治疗实践让多蒂十分熟悉当时奥黛丽的情绪和心境。奥黛丽心中残存着对婚姻失败的愧疚感，而且十分担心离婚对孩子可能产生影响。

奥黛丽和纪梵希。

奥黛丽和多蒂于 1969 年 1 月 18 日在莫尔日小镇结婚。

在游轮封闭的环境中，多蒂很快从新友变成知己，他们开始亲密起来。如果奥黛丽有空停下来反思一下，她可能会惊异地发现这段邂逅与 13 年前她与梅尔·费勒的初见有着相似之处。明星常常比任何人都更需要朋友，他们忙得几乎没有属于自己的一分一秒。多蒂的专业性建议以及对奥黛丽的额外关注在这个时候为离异的她提供了精神支持。

随着奥黛丽对他的日渐了解，奥黛丽惊异地发现他和自己背景有相似之处。多蒂的家人信奉罗马天主教，他的父母和奥黛丽的父母一样也曾离异。他的母亲曾经是伯爵夫人，奥黛丽的母亲是一位女男爵；他的继父是一位有名的报纸大亨,兄弟则是令人尊敬的银行家。没有任何东西能够阻挡奥黛丽的这段恋情。最令人安心的是西恩与多蒂相处得很好,而且多蒂向奥黛丽表示他想要很多孩子。奥黛丽曾多次尝试再生一个孩子,但都没有成功。她无法拒绝这一提议,鉴于几次流产的痛苦经历,尽早再婚是值得考虑的,也是她所希望的。

1968 年 11 月 20 日,在瑞士法律的许可下,奥黛丽低调、秘密地完成了与梅尔的离婚手续。当年圣诞节,多蒂在罗马正式向她求婚,将一枚红宝石订婚戒指戴在她的手指上。尽管如此,奥黛丽的朋友说当时奥黛丽还对嫁给多蒂心存犹豫。她不想让自己未来的丈夫因为娶了电影明星奥黛丽・赫本而获得虚名。她知道这样的名声对于男人的自尊和职业地位来说影响很大,尤其是在这样一个需要谨慎的工作领域。奥黛丽对一位朋友说:"我告诉他,女人们可能会因为他娶了我而对他十分着迷,这可能会伤害他的职业声誉。"

多蒂对她的担心嗤之以鼻,他说自己并不是什么名人。的确如此。但是,可能出于谨慎或自己没有意识到,他没有提及自己对名流强烈的迷恋。尽管与奥黛丽相伴左右以及她对自己的建议欣然接受都让他感到真正的快乐,但多蒂深爱过的银幕上的奥黛丽・赫本始终在他的想象中闪烁光芒。这炫目的光芒远比一枚订婚戒指更加明亮夺目。梅尔・费勒至少对于独特气质的创造和幕后乏味的现实有着职业性的理解,而多蒂医生只能通过自身经历来明白他娶的这个人并非他十四岁当学生时爱上的那个女人。

因为奥黛丽最近刚离婚,他们无法在天主教堂举办婚礼,于是选择在瑞士举行。1969 年 1 月 6 日,两人的结婚公告张贴在莫尔日区管辖下的特洛什纳镇小邮局的墙上,需要张贴 10 天。1 月 18 日,在莫尔日小镇的注册员巴塔兹夫人的见证下,医生和女演员结为夫妻。女方的见证人有多丽丝・伯连纳和法国影星卡普辛。男方的见证人有保罗・韦勒和画家雷纳托・古图索,参加婚礼的宾客不到 40 位。新娘身穿粉色针织洋装,这是来自她早期的仰慕者纪梵希的礼物。

医生的妻子

奥黛丽和新婚丈夫在罗马度蜜月时也花了些时间找房子——确切地说，是寻找一所公寓。最终他们选定了一套顶层公寓，这是一座由宫殿改造而成的宽敞、高顶的房子，几个世纪前曾属于一位教会人士。从屋里能够看见宽敞的台伯河，这一点让奥黛丽欣喜不已。对任何一个询问她宫殿的人，她总是干脆利落地回答说："我们在罗马没有豪宅，只有一所公寓。"她非常谨慎，认为炫富不仅低俗，而且也不安全。奢侈纵欲时代那自由惬意而又肆意挥霍的日子已经不再时兴，这也是受当时都市恐怖主义和针对富豪以及政治大腕的绑架和威胁这一严峻情势所迫。

除了特洛什纳屋里放得下的，其他家具一直被奥黛丽保存在仓库里，直到最近才一股脑儿全被拿出来。奥黛丽每天的时间都用来安置和收拾这些东西，将自己所有的物品，无论新旧都摆放在公寓中。她和重新改造公寓的木匠和泥瓦匠一起干活儿，头上落满灰尘。奥黛丽身材纤细，穿着时装模特们化妆时穿的那种罩衫挡灰，她的身型瘦得简直就像一根支架。

不仅她的外貌，连她的礼仪也变得意大利式了。纪梵希依然是她最亲密的朋友，但是巴黎那些追逐名人动向的狗仔队却再看不到常坐在时装发布会第一排的奥黛丽了。“很明显，”她告诉亨利・格里斯，“飞往巴黎是不可能的，同样，也不可能去看纪梵希最新的时装发布会。”说这段话时，奥黛丽语气中充满了遗憾。她依然独爱纪梵希的设计。似乎是为了给她新融入的国家做足面子，奥黛丽也开始在罗马的精品时装店里购买衣服，而且认为衣服“挺漂亮”。当她被问及这样做是否是一种牺牲，她唐突地回答说，“胡说，不穿纪梵希也可以的。”而有些事情她并没有谈及。她努力将生活花销控制在丈夫的工资水平以内，不像早先一样对巴黎高级时装挥霍一通，以避免让丈夫难堪。

剧本还是源源不断地送来，但是大多数情况都是被放到一边，甚至有时都没被打开过。人们曾预测奥黛丽会继续电影事业，也许改在罗马拍电影。但她丝毫没有表现出重返银幕的意愿，当她说“现在的我做的就是一个女人该做的事”的时候，她的意思是这么多年她只做了一个电影明星该做的事。家居生活是她梦寐以求的生活状态；辛苦拍电影只是义务性的职业。现在，她可以自由选择家居生活，并认为自己“并没有剥夺别人的任何东西”。

从离婚的阴影中恢复之后，这样做的确是可以理解的。但是如果奥黛丽留意的话，其实危险的信号早已存在。安得烈・多蒂娶了一位电影明星，但对他来说看着奥黛丽变成一位平凡的罗马主妇简直就像看着买来的宝贝褪去了光华一样。夫妻俩的一位密友说：“很久之后他才认识到奥黛丽并不是《罗马假日》中的那个女孩；当他意识到这一点时，简直就像从美梦中惊醒一般。”对奥黛丽而言，过着这样“之前从未体验过的正常、健康的生活”十分美妙。而对多蒂来说，常规生活是远远不够的，生活需要魅力，他喜欢在工作之余享受罗马式的休闲。罗马人舒适安逸、随波逐流的生活方式常常让人感叹时光飞逝，所成之事寥寥无几。奥黛丽是一个注重结果的人。两人性情之间的不合早已在蜜月期间就埋下隐患。

结婚四个月后，奥黛丽发现自己怀孕了。在意大利家庭中，孩子的到来才是美好姻缘的真正考验。如果是到了多蒂的年龄才生儿育女，更是可喜可贺。奥黛丽突然获得了一种母凭子贵的重要地位。等到孩子出世的时候，她就快四十岁了；而且她的流产史可能意味着这是她最后一次机会。这一年春天和夏天，奥黛丽细心地照料自己。

九月到来的时候，奥黛丽搬到了更远的地方。她没有选择罗马，而是选择"和平之邸"作为分娩的地方。每到周末，多蒂都会去探望奥黛丽；要不然她就自己休息，陪西恩散步走到学校，在村里商店购物，或者做一点轻微的园艺劳动。

1970 年 2 月 8 日，在卢塞市立医院奥黛丽经过剖腹产手术诞下一名男婴。多蒂医生为了距离妻子近一些，同时也不至于放弃工作，当时正在这里举办一个短期讲座。成为人父的喜悦是每个人都可以想见的，多蒂也十分自豪地称"家中多了一个男人"是多么棒，"卢卡外貌酷似父亲。"奥黛丽为自己再次成为母亲而欣喜万分。可能只有影迷们心中感到万分失望，也许他们再也看不到银幕上的奥黛丽了。

奥黛丽很少想起电影，万一想起来也只是想着去看电影。当她对电影做出回应的时候，并没有一丝迅速回归银幕的意思。詹姆斯·邦德系列历险喜剧让她很开心。奥黛丽很崇拜肖恩·康纳利，但她并不喜欢邦德对待死亡的轻率态度。她提及邦德喜欢用几句俏皮话来打发自己敌人时，她说：他们在他眼里"就像是一些餐巾纸似的。"新一代女星中她最喜欢简·方达，尤其是她在《柳巷芳草》中的表现。她问自己，那些像《蒂凡尼的早餐》和《谜中谜》之类的浪漫轻喜剧如今去哪儿了？她不得不承认这类喜剧和这个世界一样走进一个"更加黑暗、更不安全的地方……不再那么有趣了。"的确如此，对于这一点她很赞成。"有些影片很不错，明显在当今社会有立足之地，但是不知怎么，如今在影片里我看不到自己的影子。对于外界发生的事情我一直保持关注。我感到我们周围存在着不快、不满和愤怒，真让人痛苦。没有人能够逃脱。有时，它击中我们的要害。”由于人们不再制作高成本电影，加上未上映影片的库存过多，罗马不再是台伯河上的好莱坞，而伦敦也不再是拍摄美国影片的流行场所，很多电影都是好莱坞制造。虽然她也承认“罗马就像是一片丛林，”但此时家的魅力比以往任何时候都更加甜蜜。当时奥黛丽认为：只要有了金钱、地位和谨慎的态度，就可以生活得舒适幸福。

有人问奥黛丽：她生命中最重要的事是什么？人们一定期待一个深刻的答案，然而她却出人意料地说："爱"，并且她还提到了“恐惧”。“因为一旦你深爱一样东西，你就会害怕失去它。”奥黛丽也向几位女性朋友吐露心声，“如果是因为自己的不忠而失去安得烈，我会把自己从窗户里扔出去。”她说得如此

奥黛丽和多蒂。

斩钉截铁，一时间朋友们都缄默不语，揣测着这一事件发生的可能性。之后，一人说道："我会为你打开窗子的。"大家哄堂大笑，奥黛丽也一起笑了起来，驱散了所有的不安揣测。

事实上，在公开声明自己心满意足的背后，奥黛丽内心暗自生出了一丝警觉。她就像母亲一样总是有意避免沉溺于不快之中。这么多年来，奥黛丽苦心经营的并非愚人天堂，而是一位乐观主义者的天堂。

多年来奥黛丽始终维持这种状态，并简单称之为"赋闲在家"，而不是"退休"。看着孩子们成长的喜悦有时却掺杂着对他们人身安全的担心。和其他西欧民主国家的大城市一样，罗马也出现了暴力行为，有组织的恐怖行为激增。索菲亚·罗兰和卡洛·庞蒂已经将两个年幼的孩子移居巴黎。在接到几个威胁勒索电话后，奥黛丽也效仿庞蒂的做法。1975 年 6 月末的一个清晨，一辆汽车开到了多蒂一家的住所。几分钟后，在一名武装警员的陪同下，奥黛丽和孩了们被送往莱昂纳多·达·芬奇机场；几个小时以后，他们抵达特洛什纳。罗马"假日"提前告一段落。

搬回到特洛什纳对她的婚姻以及不再回归电影事业的决心都将产生巨大影响。多蒂并没有辞掉在罗马诊所的职位，因此妻儿搬离将意味着他（或者奥黛丽）要来回奔波于两人的住所之间。奥黛丽不在罗马时，媒体对于多蒂夜总会花花公子的描述已经让这段婚姻产生了压力。这样一来，两地分居会让婚姻承受更严重的混乱。奥黛丽承认说："这并不是理想的情况，丈夫和我飞来飞去。我们好像总是在机场或者是飞机上。"

从罗马举家搬迁也动摇了奥黛丽不再回归工作的决心，她内心的渴望也渐渐复苏，虽然之前的新生活让她心满意足，内心的愿望也随之沉寂下来。但是机遇和冲动必须同时出现。机会就是詹姆斯·高曼的剧本，他是话剧和同名电影《冬狮》的作者，这部影片为凯瑟琳·赫本赢得了第三个奥斯卡奖。当库尔特·弗林斯将剧本交给奥黛丽时，剧本的名字还是《罗宾汉的回归》；她同意接拍后，电影很快改名为《罗宾汉与玛丽安》。参与这部电影制作的还有当时大名鼎鼎的两位天才：一位是导演理查德·莱斯特，他曾执导过最早的两部披头士影片以及一系列运用超现实图片情景和不合时代的幽默的当代和历史讽刺喜剧；另一位是肖恩·康纳利，他现在已经上交了詹姆斯·邦德的杀人执照，非常想尝试能够体现他的年龄、并且展示演绎幽默热情人物的能力。这部影片是基于两人浪漫却又现实的相遇：退出十字军的罗宾汉已经上了年纪，疲惫不堪，关节也变得僵硬；玛丽安选择了修道院生活，并升为院长嬷嬷。剧情不仅很适合两位影星的表演天赋，也很适合二人的年龄。

理查德·莱斯特造访特洛什纳，想让奥黛丽复出。"我们可以答应她在暑假期间拍摄，这样她就可以带孩子到片场，并保证能够及时完成拍摄，不耽误孩子回学校上课。这样奥黛丽就不需要勉强了。要让奥黛丽放心她在银幕上的容颜倒需要费一些功夫。毕竟，她已经远离银幕长达 8 年。在这段时间里，电影界已经发生了巨大的改变。"

伊冯·布莱克为这部影片设计戏服，或者说，为她设计戏服。因为她只有一种风格的戏服可以穿——院长嬷嬷的宗教服装。戏服的材料和烤炉手套的材质一样，粗糙、僵硬。而伊冯也煞费苦心用鱼骨针缝制服饰，为其增添中世纪的特点，不像流行服装那般光鲜。我看着奥黛丽套上这戏服，然后站在镜子面前，左右拉扯、摆弄着戏服，希望这件 12 世纪的衣服穿在身上看起来能有一丝像纪梵希的风格。最终她向这戏服屈服，的确很有专业风范。曾经她是衣着最高雅的女影星中的佼佼者，而现在却穿得像超大号的烤炉手套一样回归银幕。奥黛丽对制片人丹尼斯·奥德尔说出自己的担忧，丹尼斯又去跟灯光摄影师大卫·沃特金说。大卫十分理解奥黛丽的焦虑，但是告诉她也必须像其他人一样冒冒险。

其次让奥黛丽担心的是影片拍摄所需时间的长短。她无法忍受与孩子们的分离，这是她感到与多蒂渐行渐远的征兆。"她听说我是一个手脚麻利的人，”莱斯特说道，“这一点也让她下定决心接拍这部电影。事实上，我们在 6 个星期内就完成了拍摄。”当西恩和卢卡到达西班牙拍摄地点的时候，他们并没有对身穿僵硬厚重长袍的妈妈感到惊讶。卢卡热衷于弓箭以及剧组改造的诺丁汉州长的要塞堡垒。“为什么不让爸爸来演罗宾汉？”卢卡问道。奥黛丽回答：“因为他没有合适的戏服。”

《罗宾汉与玛丽安》为奥黛丽复出提供了机会，同时也带着特殊的辛酸，因为故事中的主角已经人到中年，命运将他们分离，但在人生将尽时重续前缘，并决心要比过去活得更精彩。奥黛丽感到这部电影也是自己的人生的转折点。她那深褐色的秀发鬓角也开始出现一缕银灰。她的面庞依然美丽，但是颧骨附近的肌肤看起来似乎十分紧绷。她也为玛丽安这一角色更换了发型。假小子的短发造型和之后错落的发型不复存在，罗马的赛尔希奥设计的小鬈发取而代之。“成熟人士之间的爱情，”这是奥黛丽向获准进入片场的记者对这部影片的总结。她曾经严禁记者进入片场采访，但在莱斯特的请求下，她改变了自己的原则，这也是时代变迁的一个标志。现在影片的存亡完全取决于影片对外宣传的成功与否。

她强调“成熟”这个词，好像对自己以前“不成熟”的角色中迷人的形象并无半点后悔和留恋。现在的容貌是她内心感受到的样子：快乐。私下里，她发现康纳利根本不介意自己看起来有多大年纪，这让她松了一口气。尽管 46 岁的康纳利比奥黛丽小 1 岁，但是看上去足足比奥黛丽年长 10 岁。“电影里的我老得骨头和腿都开始嘎嘎作响了，”康纳利坦言说。“这个 50 岁的罗宾汉还想要做一个年轻的革命者，这根本行不通。”奥黛丽比诺丁汉州长更能抵抗炎热，她在荫凉处坐着，粗糙的修道院长袍堆砌在她的膝头，耐心等待自己的场景。“我出汗很厉害。过去我跳舞的时候就是这样。”

周末不拍片时她都会前往罗马。据莱斯特说，多蒂只探过一次班。妻子不在的时候，多蒂成了狗仔队的目标，现在他们的气焰比以往更甚。小报拍到多蒂与29岁的弗洛伦斯·格林达一起出席一个重要活动。格林达是上届戴维斯杯网球明星吉恩·诺尔·格林达的妻子，现已分居。多蒂声明说他们只是同样爱好下双陆棋。大家都希望奥黛丽能看出其中诙谐的一面，但是证据并不可靠。

现实似乎很可悲，却再清楚不过了。尽管多蒂还是深爱着妻子奥黛丽·赫本，但他是一个很容易受其他女人诱惑和摆布的男人。既然这已经不是什么秘密，奥黛丽的朋友们也不停地向她提供一个又一个女人的名字。意大利女人对丈夫的女友习以为常，在奥黛丽的罗马生活圈中，一个没有情妇的男人会被认为是怪人。奥黛丽坚决不向这种传统妥协。她的一位密友说："光环之下的她其实内心充满烦恼，但她从来不会当众表现出来。"她与多蒂之间有很多不同之处，正如她对雷克斯·里德说的："我不喜欢城市生活，这是我和安得烈之间最大的不同。我觉得水泥森林十分乏味。"然后她引用了母亲的一句话来停止记者的提问："我照看自己的健康，世界会照料我的思想。"她唯一的愿望是什么呢？"不孤独。"但她没有提到丈夫的陪伴能够驱走孤独，反倒是其他事情似乎更能贴近她的心灵："村庄、小狗、花朵和自然。"正如剧中修女玛丽安在情人罗宾汉再次渴望历险事业时所做的，奥黛丽也选择了一处安静、安全的抚慰之所。她火速只身飞回瑞士。一位曾经倾听她诉苦的意大利女性朋友暗示她，也许试着再要一个孩子可以挽救婚姻。也许对几年前身为梅尔妻子的她来说，这还具有一定的吸引力，但现在已经今非昔比。"这是我最不可能考虑的一件事。"奥黛丽回绝说。

1976 年,《罗宾汉与玛丽安》剧照。肖恩·康纳利饰演罗宾汉,奥黛丽饰演玛丽安。

安慰

总体上说，《罗宾汉和玛丽安》深受好评，评论界欢迎奥黛丽的回归。文森特·坎比评论道："这部电影的最成功之处在于它没有依赖奥黛丽小姐美丽的脸庞来演绎恋爱中的窃窃私语和撒娇卖俏，而是在时光流逝、花容月貌的变迁里让观众唏嘘玛丽安 20 年的等待。"当然，文森特可能也会感叹奥黛丽过往 10 年的岁月。她和肖恩·康纳利的组合称得上是郎才女貌、英雄美人：肖恩饰演的罗宾汉粗犷神勇，奥黛丽饰演的修女玛丽安温柔大方，十分相配。在他们俩的最后一幕里，遵循罗宾汉"箭落之处就是我的葬身之所"的嘱托，玛丽安帮助罗宾汉将弓箭射向树林。这一幕就像威尔第歌剧作品中男高音和女高音的对唱一样，带着歌剧的余韵落幕。

奥黛丽自身的情感与玛丽安与罗宾汉的恋情又一次令人吃惊地出现了重合。当玛丽安决定给爱情第二次机会时，奥黛丽也抱着绝不再让幸福溜走的决心，步入了第二次婚姻。但遗憾的是，第二次婚姻同样是失败的。她和多蒂觉察到两人的共同点并没有想象中的多。几年之后，她以超出想象的坦诚承认了这一点："刚开始只是一段浪漫的感情，但是考虑到我们之间9岁的年龄差距，我从没有想过会走进婚姻。我们结婚后我下定决心不能重蹈覆辙，为此我放弃了事业。卢卡的降生更坚定了我的信念……"婚姻失败的主要原因在于多蒂希望妻子可以继续发展事业，名人们的光彩世界对多蒂有一种强大的吸引力。当奥黛丽专注于家庭，她相当于移走了丈夫的一面镜子。

她试着忍受丈夫公开不羁的生活方式。"哦，安德烈生性就是这样的。"她也许会这样轻描淡写地忽视聚光灯下的多蒂和戴利亚·德·拉扎诺。1976年年初，奥黛丽飞往洛杉矶为威廉·惠勒颁发"美国电影科学与艺术学院终身成就奖"，多蒂以观摩加州大学的精神病学新疗法为由，陪伴在侧。返回途中，奥黛丽在纽约短暂停留，出席了《罗宾汉和玛丽安》的首映礼。成千上万的影迷聚集在无线电城音乐厅欢迎奥黛丽，人们送给她最爱的白色兰花和玫瑰大声喊着"我们爱你，亲爱的奥黛丽！"奥黛丽热泪盈眶。许多人是看着她的作品长大的，她已成为他们记忆的一部分。她已经抵达明星世界鲜有人及的境界。

值得注意的是，奥黛丽通过各类采访表达了自己对这位伟大瑞典导演的电影作品以及电视剧版《婚姻生活》的赞扬和欣赏。大约在一年前奥黛丽在瑞士观看了这部同名电影。在这部讲述婚姻崩溃过程的电影中，来自斯堪的纳维亚的演员厄兰·约瑟夫森饰演一名偏爱年轻女性的大学教授，他与外表有条不紊、中规中矩的妻子的婚姻早已激情不再。然而，妻子和丈夫都不愿意打破婚姻状态，甚至都不愿意向对方承认自己无法再从彼此身上得到满足。丽芙·乌尔曼饰演的妻子说："性不是一切。"奥黛丽在一次采访时也讲到了同样的话。在电影结尾时，男女主人公的确离婚，却又出人意料地复合。奥黛丽说，"在我看来，《婚姻生活》是一部杰作，是两人生活的缩影。作品十分贴近真实的生活体验，几乎穷尽了电影的最高限度。"这时她不是在讲述片中人物，而是在谈论观影的自己。她常常同瑞士和意大利的朋友谈起这部电影，有朋友认为这部影片启发了她对自身的困境的认识。

不管奥黛丽在《朱门血痕》中出演的角色是“不重要”还是“恐怖的”，人们都识趣地不去深究。人们将其称作“西德尼·谢尔顿的《朱门血痕》”。该片改编自畅销书作家西德尼·谢尔顿的作品《血族》，是一部华而不实的悬疑片。然而，就在影片上映后的10年间，大量涌现的模仿剧吸引了世界各地的观众，比如每周播放时附带前情提要的《达拉斯王朝》。

她又一次意识到了环绕在自己周围的光环，并且因为纪梵希在为她设计“大亨服装”，这个光环变得越来越耀眼。“为什么每个人都这么崇拜我呢？”影片开拍第一天，奥黛丽这样问摄制组。在出演该影片所有的国际巨星中，只有奥黛丽享受到了皇家的礼遇。罗密·施奈德、米雪·菲利普斯和艾琳·派帕斯就如随侍的宫女一般站在传奇的奥黛丽身旁。奥马尔·沙里夫和奥黛丽熟识之后开始跟奥黛丽分享自己对片中角色的辛辣讽刺。詹姆斯·梅森低调地打趣说每个人都被困在了“动物般的表演方式”之中。本·吉扎拉却用粗俗的大白话直截了当地批判这个可笑的惊险故事。处在当时心情下的奥黛丽认为这十分有趣，和吉扎拉在一起让奥黛丽感到轻松愉快。

评论界对《朱门血痕》不只是差评，简直是猛批痛击。伦敦《周日快报》的评论如下：“糟糕透顶，陈腐不堪，毫无趣味，凌乱无章……支离破碎，这都让观影成为一种痛苦。”虽然这位粗制滥造的导演拥有工作执照，但整个影片是如此拖沓，好像导演几乎没有管理资金的能力，更像是在随意挥霍。即使有纪梵希的14套服装——经典简约的套装、真丝薄绸的无袖衬衫和黑色晚礼服等，美服的出镜时间也仅仅只有1分钟，其中那套上身镶嵌珍珠的黑色晚礼服也只是在马克西姆餐厅的恋爱场景中出现时间略长一些而已。所有这些都没有逃过评论家的批判，奥黛丽也同样受到强烈质疑。“为什么奥黛丽的经纪人会认为赫本女士有能力挽救这样支离破碎、无法修复的剧本呢？”伦敦《标准晚报》记者提问说。答案和问题一样都是多余的。奥黛丽“抢救”了一笔财富，并且十分满意。如果《每日电讯报》算不上迂腐的话，至少它是规规矩矩的："(《朱门血痕》)讲述的是世界各地背景下一连串不愉快但又不大可能发生的事。"这里"不大可能发生的事"可能指的是片尾奥黛丽的撒丁岛豪宅着火，她被困在屋顶上，两个男人都要救她，她必须在自己被烧死前决定谁是想害她的人。

奥黛丽和丈夫关系日益恶化，虽然痛苦，但她还是犹豫不决。两人大吵一架后多蒂搬出公寓，之后两人又和好。1979 年，为了表明自己愿意相信"第二次机会"，奥黛丽随多蒂前往夏威夷欢度第二次蜜月，还带着《朱门血痕》里纪梵希设计的价值 20 万美元的戏服。蜜月归来，离婚又一次被提上议程。这次出游更加剧了两人的隔阂。奥黛丽重新回归电影事业。当许多的电影明星发现自身得到的关注和酬劳都今不如昔的时候会选择再婚，这样的话即使没有任何成就，也能再次吸引媒体的注意，同时收获青山依旧的自我安慰。而奥黛丽完全相反。虽然她的婚姻在几个月内就宣告失败，她却并不希望以这样的方式复出，她想要的是一部制作精良的优秀影片。

不幸的是，曾经为奥黛丽指引迷津的库尔特·弗林斯此时却处于不幸之中。疾病和婚姻问题的困扰让弗林斯渐渐远离了有影响力的主流电影。因此，当奥黛丽急需建议来重建自己的事业时，却没有人能提供建议，她只能凭直觉判断。

当婚姻无可挽回时，奥黛丽飞往洛杉矶与集作家和导演于一身的彼得·博格达诺维奇会谈，几年前她遇见当时给威廉·惠勒致辞的彼得，对他十分欣赏。他的最新电影《圣徒杰克》由奥黛丽在《朱门血痕》中最爱的搭档本·吉扎拉出演。彼得·博格达诺维奇当时 40 岁，他博览群书，直觉敏锐，还幽默风趣。这都是那时的奥黛丽所需要的品质。博格达诺维奇说，"我在纽约的皮埃尔大酒店和她见面，商量拍电影的事。她对自己的前景并不明朗，但无论结果如何，她都享受这个过程。"

博格达诺维奇是个很怀旧的人。和奥黛丽一样，他怀念好莱坞曾经的"黄

1976 年，奥黛丽为威廉·惠勒颁发
国电影科学与艺术学院终身成就奖

金时代”。他提议创作浪漫喜剧来缓解奥黛丽的抑郁，并且答应要以她为原型来创作剧本，并且亲自执导。这可能会让人联想到那些相遇之初以谎言为基础的有趣的男女关系，比如《罗马假日》和《黄昏之恋》，当双方陷入爱河后，这些谎言都不再重要。他们要拍的片子叫《哄堂大笑》，故事中一位大亨的妻子因为内心失落飞往纽约散心，却不料丈夫雇用了私人侦探来监视自己，结果妻子与侦探相爱。这仿佛是将怀尔德、惠勒以及更早的同类型导演刘别谦的作品糅合在一起。另外，故事也十分贴合奥黛丽当时的生活状态。

博格达诺维奇很早之前就发现奥黛丽身穿休闲服而不是纪梵希礼服的时候简直美极了。“打个比方说，‘下班后’她会穿着一成不变的褪色牛仔裤和水手穿的那种厚呢短大衣，可能还会戴一块头巾。我告诉她这就是我想要的样子，我希望她可以穿最常穿的衣物。她带我去她在皮埃尔酒店的套间，打开衣柜把所有的衣服都摆在床上，然后我们开始挑选她要在片中使用的服装。”

1979 年，影片在纽约街头开始拍摄。“奥黛丽一点也没有自负或者苛求的架子，我警告她说这里丝毫没有物质享受可言。首先，我们所有的车都在 10 个街区以外。另外，我们不能封闭任何场所，《蒂凡尼的早餐》的时代已经一去不复返了，而且我们要很快完成拍摄；如果有人发现我们在大街上拍摄，那我们就完蛋了。即使奥黛丽在片中戴着大墨镜，就像她在实际生活里一样，但她毕竟是很有辨识度的奥黛丽・赫本。‘走进那个商店，’我会告诉她，‘你在这里等着，我们准备好的话，第三个助理导演会来通知你的。’她就会按照要求来做。拍摄结束后，她会给我看那个商店里的人坚持要送给她的东西——围巾、手帕、唇膏——这都因为是奥黛丽・赫本出现在商店里，所有的人都激动不已。我说，‘等我们拍完这一场，你可以到街道的另一边去工作。’听到这话她总会哈哈大笑，这也让我一直很愉快。”处于博格达诺维奇精心经营的电影“公社”之中，奥黛丽得到了宽慰，也因此不再那样关注自己的容貌。“她惯有的脆弱甚至变得更加突出。有时她看起来就像快要被风吹倒了一样，让人

有一种想保护她的欲望。然而在那个时候，她会用强大的毅力全神贯注地战胜一切，这股力量让人觉得匪夷所思。在情绪管理上她像士兵一般训练有素。”

奥黛丽的自信需要他人持续的关注。博格达诺维奇终究还是有做演员的经验，对演员的焦虑情绪非常敏感，但别人就会觉得她的敏感非常令人厌烦。“回想起来，她好像一直在问：‘彼得，这样可以吗？’‘很完美，奥黛丽。’‘你确定你不想改动一下台词吗？’‘不用了，奥黛丽，这就很完美了。’‘我没有完全按照剧本。’‘对，我注意到了。但那也没关系，这样更好。’‘你确定不想让我再试试其他的表演方式了？’诸如此类。奥黛丽总是兴高采烈的，但人们一旦让她失望，她就一点自信也没有了。我当时有一种感觉，这不单是工作需要，奥黛丽更是在寻找爱。”

虽然奥黛丽一直声明想要和博格达诺维奇合作，但他情不自禁地认为奥黛丽未来不大可能再次频繁地出现在银幕上。“我说不上来为什么，但看起来她在生活中所寻求的东西是转瞬即逝的电影所无法满足的。从在意大利那时起，她婚姻上的问题就越来越严重。我觉得她似乎尝试要看破这一切，并思考未来将会如何。但我确信银幕无法实现她的追求。我将这种想法转移到了我们合作的电影中。在片尾奥黛丽乘坐直升机离开的时候，有 4 次奥黛丽的特写镜头，之后演职人员表再次出现。这样的情境在某种程度上表达了我的观点：这是一种告别仪式。无论如何，这是我当时想要达到的效果。现在看会觉得稍微有点奇怪。”

奥黛丽回到罗马陪伴卢卡。她搬出豪宅，在安静的城郊租下了一栋整洁的两居室别墅。从别墅旁的花园可以看出，奥黛丽常常在视线范围内或触手可及的范围内栽种植物。卢卡还在上学，依旧陪在母亲身边，这也正是奥黛丽想要的。如果有可能的话，她希望能够彻底断绝过去，只留下其中美好的部分，为了孩子她进入了持久艰难的离婚过程的第一阶段。由于当初是在瑞士的一座基督教堂举办婚礼，但离婚手续却是在看重父权的意大利办理，这又使得离婚过程更加曲折冗长。

既然临近的离婚已经闹得路人皆知，奥黛丽不得不承认自己婚姻的失败。她依旧温文尔雅而又审慎，却坦率地承认，“我和丈夫最终成为你们所说的‘开放性的关系’。”她又补充道，“我觉得，在丈夫更年轻的情况下，这是无法避免的。”

事实也不尽然。几个月以后，奥黛丽遇见了一位比自己小 7 岁的男人。当她步入生命中最后也是最动人的阶段时，这个男人的忠诚将成为奥黛丽最大的帮助和安慰。

奥黛丽与罗伯特・沃德斯。

生命中的新男人（灵魂伴侣）

罗伯特·沃德斯清瘦修长，双眼深邃，蓄着胡须，这让他具备了与年龄并不相称的严肃气质。他和赫本一样是荷兰后裔，罗伯特的父亲是航空行业的高管，他的童年和校园生活有一部分是在美国度过的，学生时代的他曾被问及人生理想，当时他严肃地回答："让女士们开心。"

沃德斯可谓拥有实现这一理想所需的一切魅力。此外，他也有些做演员的天分。他在纽约的一所戏剧学院学习表演，并在 1966 年翻拍的电影《万世流芳》和 1967 年的二战《托布鲁克》中出演了次要角色。之后，在西部电视剧《拉雷多》中他终于得以倒空靴子里的沙土，帅气地骑上马背，出演一位不蓄胡须、干净利落的牛仔。在一次艺术节上，沃德斯出演了一部由诺埃尔·考沃德创作的戏剧，舞台上的他吸引了考沃德的注意。当导演大师考沃德应曼尔·奥勃朗的请求为她的复出影片推举合适的男一号时，考沃德想起了沃德斯的名字。"曼尔的星途会一片光明，"考沃德说，"再说，他真是个非常好的男孩。"这部电影并没有使他所说的"星途"成为现实，但考沃德说的后半句很快就被证实了。曼尔和沃德斯在好莱坞的一次晚宴上邂逅。曼尔这样描述当时的场景："当时我刚刚拿起餐巾也没有看见摆在他身前的席卡，就问他叫什么名字。他说，'罗伯特·沃德斯。'我又回头再看了他一眼，多巧啊，这不就是几个礼拜之前诺埃尔·考沃德给我推荐的人吗！"

于是他们在 1972 年的 2 月开始拍摄电影《幕间》。片方投资人布鲁诺·帕利艾是意大利实业家、百万富翁、也是曼尔的丈夫。在电影《幕间》中曼尔饰演的富有女子在一场车祸中杀害了自己的丈夫，之后在尤卡坦半岛的玛雅废墟中邂逅了身无分文的年轻艺术家并坠入爱河。沃德斯出演的这个陌生男子帮助女主角恢复了理智，并赋予了她生活的意义。很快，现实生活淋漓尽致地模仿了电影艺术。沃德斯不仅让片中的曼尔收获了快乐，之后在现实生活中也带给她幸福的婚姻。虽然曼尔比他年长 25 岁，但沃德斯还是娶了曼尔为妻。直到 1979 年奥勃朗离世之前，他们一起度过了 7 年幸福的婚姻生活，婚后的两人依然如热恋中的情侣一般。

奥勃朗的离世让沃德斯悲痛欲绝。朋友们都聚集起来齐心协力地帮助他走出悲伤。康妮·沃尔德邀请沃德斯与比利·怀尔德夫妇以及康妮最好的朋友奥黛丽·赫本一起共进晚餐。奥黛丽当时也忍受着婚姻破裂带来的痛苦。哀伤的鳏夫被安排坐在这位电影巨星的身旁，这与他当初邂逅第一任妻子时的情形一模一样。虽然奥黛丽自己也忧愁悲伤，但她立刻开始努力地为沃德斯打气加油。旁人的痛苦激励奥黛丽展示出自己最好的一面。他们一见倾心，突然开始用荷兰语分享在荷兰度过的童年回忆。"一见如故，"之后奥黛丽回忆说，这个说法也许是因为前两次"一见钟情"的婚姻都未能天长地久。

如果沃德斯的话是可信的，那么奥黛丽并不是想要和他开始恋爱，而只是关心他的婚姻状况。"那时她觉得我的生活里需要一个女人，"沃德斯说，这也的确是实情。然而奥黛丽还没有把自己摆在那个女人的位置上。真相正如电影剧情一般发展，几个月之后浮出水面。当时奥黛丽已经回到瑞士，开始办理离婚手续；而沃德斯还在美国的马里布。通过每天深夜的跨国电话，他们交流着心底的秘密，他们渴望彼此陪伴，思念也与日俱增。终于，奥黛丽鼓励沃德斯来特洛什纳见面。

离婚谈判让奥黛丽筋疲力尽。她丈夫坚持要监护权，并要求得到儿子的住所。两方的律师分别来自瑞士和意大利，在为各自的利益辩护的过程中，律师发现这对夫妻除了共有儿子之外毫无共同之处。虽然双方作为父母都不愿意伤害孩子，但显然离婚手续需要花费许多时间。罗伯特·沃德斯的温柔体贴安慰了奥黛丽，让她平静度过了之后的几个月。对于奥黛丽来说，这就是真爱的意义：就像T·S·艾略特所说的相互陪伴，彼此守护。

罗伯特·沃德斯对美国了无牵挂，因此就在特洛什纳长住。他小心谨慎地处理和奥黛丽的关系，以免加剧离婚程序的纠结混乱。无论如何，在离婚手续结束之前，这绝不是谈婚论嫁的好时机。离婚手续终于在1982年尘埃落定，奥黛丽和沃德斯已经心意相通，不再有结婚的必要了。两人都不会通过婚姻得到经济补偿。虽然不如奥黛丽富有，但沃德斯一直悉心地投资理财。没有人会怀疑他是为了发财才结婚。两人都经历了不幸——沃德斯遭遇了妻子的去世，奥黛丽则是两段失败的婚姻——这些不幸也让他们领悟到脆弱的感情并非基于爱情，也不会因为婚姻而变得牢固。“我们没有不结婚的理由”，奥黛丽之后解释道，“但我们觉得现在这样很开心。”

美国《名利场》杂志专栏记者多米尼克·邓恩在文章中详尽地讲述了这一段，“确实，罗比和我都发觉生活中有非常不幸的时期。”填补感情的空缺仿佛是沃德斯与生俱来的天赋。“迟来的总比不来的好，”奥黛丽说，“如果我在18岁的时候就遇见了他，我可能不会爱上他。我可能会想，‘每个人都是这样啊。’”可能这听起来过于简单化，但值得注意的是，奥黛丽喜欢用单纯的眼光看待事物。这样与生俱来的真性情是她魅力的一部分，也是她容易受伤的原因。

虽然沃德斯是演员出身，但他不像梅尔·费勒那样永不满足。他不是企业家，不是精明能干的人，更不是电影政治游戏里的玩家。除非有重大改变，奥黛丽不会再参与需要长时间拍摄的影片。特洛什纳很适合奥黛丽和沃德斯。他们很快开始了平静的生活，规律而平凡的节奏让生活变得更加安稳，但也不至于乏味无趣。当地居民把沃德斯看作“奥黛丽女士的朋友”。在那个时期，传真、卫星电视和各种发达的交流方式已经将湖边的特洛什纳与外面的世界联系起来。奥黛丽没有做隐士的打算，因此常有各种事情占据她的时间和精力，还要应对各类想让奥黛丽重返银幕的片约。沃德斯充分发挥了自己的作用，为奥黛丽和自己安排日程表，在不冒犯他人的前提下确保奥黛丽可以避免见到她不想见的人或者做她不愿意做的事情。他不会冷漠地回绝他人，因为这会让奥黛丽受人妒恨。恰恰相反，当奥黛丽不得不拒绝提议或者邀约的时候，他会在回绝的时候传达一种易于让人接受的遗憾。

奥黛丽的母亲艾拉·凡·赫姆斯特拉当时已经在“和平之邸”定居下来，身体却每况愈下。奥黛丽和母亲的分歧矛盾由来已久，但当这位垂垂老矣的荷兰妇女悄无声息地出现在女儿在瑞士的家中时，奥黛丽说，“能够照顾她让我觉得自己很幸运。不能落叶归根始终是件痛苦的事情。”母亲去世后，奥黛丽护送母亲的遗体回到了荷兰，并在那里为她举办了葬礼。

奥黛丽找寻父亲的经历远比这更加曲折感人。这一次又是她的奥地利亲戚沃尔特·拉斯顿证实了这一点："奥黛丽到布鲁塞尔参加《修女传》的首映。那应该是在 1959 年年中，电影结束后我在一个招待处见了奥黛丽和梅尔·费勒。奥黛丽开口对我说的第一句话好像就是，‘我父亲在哪里？’”奥黛丽上一次与父亲见面还是 20 年前战争爆发的前几个星期，父亲将她送上了前往荷兰的飞机。奥黛丽非常想念她亲爱的父亲。“我有乔（约瑟夫的昵称）在都柏林的地址，他现在也住在那里。我是从乔的母亲那里得知的地址，我们都叫乔的妈妈安妮姨妈，她现在还住在维也纳。当然，我把地址给了奥黛丽。”

约瑟夫·赫本·拉斯顿再婚了。当约瑟夫在 1954 年得知奥黛丽正在维也纳看望祖母的时候，他寄了一封信给她。没有收到任何回复的他看出来艾拉·凡·赫姆斯特拉没有宽恕自己。在奥黛丽找到他之前，赫本·拉斯顿从都柏林用德语给母亲写信，读来不免令人心酸。信中讲述了一个满腔悔恨的父亲只能通过新闻报道追随身为明星的女儿在世界各地的踪迹，或者是依赖母亲在收到奥黛丽消息后代为转达。“你有奥黛丽的消息吗？”他在1956年7月7日写的信中问道，之后他又补充说自己知道她最近和梅尔·费勒在伦敦出席了《战争与和平》的首映仪式。

父女团圆的日期可以从这次采访中推算出来，因为奥黛丽说她当时刚刚结束了约翰·休斯顿的电影《恩怨情天》的拍摄工作。鉴于1959年2月赫本在坠马意外中遭受了严重的脊柱损伤，那奥黛丽的都柏林之旅一定发生在下半年，可能是在夏末的时候。赫本·拉斯顿年轻时曾是一名优秀的骑手，显然他已经从报纸上看到了女儿的事故报道，因为奥黛丽回忆父亲说过这样的话：“你居然骑那匹灰色公马，真是十足的傻瓜。”她和克莱恩说，“因为我骑了一匹会把我摔下来的马他就对我发脾气。”这是奥黛丽和父亲之间唯一被记录下来的对话。奥黛丽只字未提父亲是如何度过见面之前的岁月，但她跟克莱恩保证说自从那次团聚后，20年来她供应了父亲的一切所需。“逝者可以安息了。”

奥黛丽和罗伯特·沃德斯的生活几乎是一成不变的。她习惯早起，每天6点起床，在清晨露水消散前去花园采摘每天需要的鲜花；然后回到厨房里喝一杯花草茶，享用清淡早餐；接着和来自撒丁岛的管家详聊周六早晨到洛桑露天市场的购物清单。每次清扫“和平之邸”，佣人想要绕开奥黛丽可是件麻烦事。见过两人共处情形的人都会注意到从第一次见面起，这对璧人一直都从容自若。两人都不挑剔食物，但食量都很小；虽然不是严格意义上的素食主义者，但几乎只吃蔬菜。奥黛丽不喝酒，但依旧喜欢来一杯威士忌。每当遇到生客来访，她就会问，“如果我给自己倒一小杯威士忌，你不会觉得很惊奇吧？我知道现在喝酒太早了，但我知道，这世界总有一个地方已经是晚上 6 点了。”她的穿衣风格还是一如既往地简洁经典。她从不收藏珠宝，无论价格高低，即使是最简单的饰品戴在奥黛丽的身上都会变得光彩照人。站在那些奢华艳丽的明星旁边，比如伊丽莎白・泰勒，奥黛丽都会像王者一样超群：她不需要去争。奥黛丽确实有一种不同寻常的与世无争，而这一点往往被认为是理所当然的。

在家的时候，奥黛丽总是梳着最简洁便利的发型：用宽边白头绳系着的马尾辫。50 多年前的芭蕾舞训练让她行为举止优雅端庄。她在屋里来回走动做着家务，好像家务活对她来说也是精心设计的舞蹈动作。只要离开家，她就会被认出来，接着被人群包围，就像她为饥肠辘辘的人敲响了晚饭的钟声。她很惊讶——或者假装很惊讶——人们居然还能够认出她来，“好吧，我看起来一定还是很像年轻时的样子。”她很明智，从来不会和年轻的自己较劲。她用最优雅的祝福回报粉丝们，她和他们一起慢慢变老。

只有一件事让她沮丧了一阵子，那就是朋友们的相继离世。她将这个过程称作“聚集”。住在瑞士厄堡的大卫・尼文和奥黛丽相识于《金粉世界》的初期户外巡演，此后三十多年以来两人一起分享“欢声笑语”。不幸罹患运动神经元病的他在饱经病痛的长期折磨后离开了人世。这个曾经活泼欢快的男人渐渐失去了听觉和视觉，无法再对他和奥黛丽一度珍视的事情做出反应，知心好友、舒适的家、欢愉的谈话，还有餐桌旁的陪伴对于他来说都不再具有意义。在一间瑞士小教堂里，会众为尼文举办了追悼会，奥黛丽坐在角落里失声痛哭。

也许是因为在内心不愿意接受尼文这样的旷世奇才的逝世，奥黛丽接受了大部分送到特洛什纳的邀约，这些邀约的目的都是要向她熟知或曾经合作过的明星致敬。一夜之间奥黛丽・赫本开始以惊人的频率出席各种纪念晚宴、庆典盛会和颁奖典礼。1986 年，也就是威廉・惠勒逝世 5 年后，奥黛丽收到邀请参演有关惠勒生平的电视纪录片，她毫不犹豫地答应出演。在这部时长 1 小时的纪录片中，奥黛丽与格里高利·派克、劳伦斯·奥利弗以及芭芭拉·史翠珊共同参与了拍摄。奥黛丽将其戏称为“同学会”。人群聚集在她下榻的宾馆或者她出席公共活动的场地周围，想要一睹奥黛丽的风采。

名声就像是难以消灭的病毒。虽然奥黛丽一心向往隐居生活，却还是会在一些情况下被名声困扰。1986 年奥黛丽收到电视影片《窃贼之爱》的演出邀约，她“为了享受其中乐趣”爽快答应了出演。实际上，第一次看到《窃贼之爱》这个标题她就忍俊不禁。而且这部影片对奥黛丽来说不过是新瓶装旧酒，出演不会有太大的压力。这部电影是小打小闹，对奥黛丽来说连中场休息都算不上，她总是将前者称作“今日的美满安宁。”

然而，奥黛丽的“安宁”却总是处于被动，一直受到各样的搅扰。在出演《窃贼之爱》之后，她再次收到许多片约，她吃惊地发现自己依旧被认可。“不是我变得更有价值，是通货膨胀而已，”她对比利·怀尔德说。奥黛丽这般谦虚的话可能是无意的，这让人想起葛洛丽亚·斯旺森在怀尔德执导的《日落大道》中曾说过的台词：“我很大，是因为画面太小。”但是奥黛丽明白重新频繁参与电影工作是得不到真正安慰的。在对幸福的定义里，爱情永远是必不可少的一部分。重新以巨星的形象出现、成为人们关注的焦点的确会令人愉快；但正因为它是短暂的，它才会变得更加让人容易满足。这就好比是一日游而不是长假，因为往往早在厌倦感来临之前，一日游就已经结束了。另一方面，除了被爱之外，她也需要收获成就感。她深知电影业无法提供这种感受。奥黛丽不是一个怀旧的人，过去对她来说像是一个国度，只有在受到邀请时她才会进入，之后她总是心存感恩地关上门离开。她是一个精力充沛的人，一个活在当下的人。如何才能让她最好地利用时间和精力？她将在何处安放自己的同情怜悯？答案比奥黛丽预计的出现得更快，这项事业将占据她的最后时光，只是无论是她自己还是他人都没有想到，这段岁月竟会如此短暂。

“亲善大使”的故事

“不是我们请她，而是她找到了我们。”克丽斯塔·罗斯说。她是联合国儿童基金会日内瓦办事处“亲善大使”项目的协调人。这个说法简单真实，但她的语气几乎赋予了它神圣的意味。

1988 年 3 月 8 日，联合国儿童基金会公开任命奥黛丽为“亲善大使”。除了领取象征性的 1 美元报酬，这份工作没有任何薪水，并且公差旅行和食宿之外的费用都需要奥黛丽自己承担。在贫困的第三世界国家的一些访问旅程也必定会相当艰苦。内战可能会造成人身伤害，更不用说访问流行病猖獗的国家和地区可能会带来健康风险。这些健康威胁是显而易见的，也不会因为外交特权而降低风险。奥黛丽小心谨慎，时时注意节约联合国儿童基金会的经费。她总是在一个小笔记本上匆匆记录花销费用，就像她刚刚以电影明星身份出道时记录下每天电影制片厂配额费用中她花费的数额、接着在结束拍摄后把剩余的钱交回一样。这在好莱坞可算得上是闻所未闻的财务管理实践了。

1988 年 3 月 8 日，联合国儿童基金会公开任命奥黛丽为“亲善大使”。
两周之后，奥黛丽就飞往了饱受饥荒折磨的地区——埃塞俄比亚。

在公布就职的两周之后，奥黛丽开始了在联合国儿童基金会的第一份工作，她将飞往埃塞俄比亚饱受饥荒折磨的地区。她为这次旅程准备的行李格外简朴：只有 1 个手提包和 1 对行李箱。豪华舒适的瑞士航班很快就变成了埃塞俄比亚的颠簸旅程，他们坐在不同的卡车里的米袋上赶路，或者是奥黛丽紧紧抓着沃德斯的手臂，两人乘坐破败不堪的直升机飞越干裂的平原到搭满帐篷的村庄或临时医疗所。她穿着最简便的旅行服装，一般都是斜纹布裤，法国鳄鱼牌衬衫，有时还会戴一条头巾。当太阳西沉，夜晚的寒意慢慢来临时，她还会穿那件经典的粉彩系列翻领毛衣。她说："我来这里不是为了让大家看我，而是让世界看到他人的需要。"她不厌其烦地重复这句话。

她将婴儿们一个个抱入怀中，把围在孩子们眼旁的苍蝇轻轻拂去。她所到的地方没有电，没有水，没有供暖，也没有卫生设备。她看见人们在流着下水道废物的河水里洗澡，之后又在里面取饮用水。在埃塞俄比亚北部城镇默克莱的一家孤儿院，奥黛丽的到来让孩子们感到惊喜，但却都保持沉默，她用当地的语言说了"谢谢"之后人们才热闹起来。她学习当地语言的勤奋程度可不亚于之前在好莱坞拍电影背台词的用功。接着，上百名本来面无表情的孩子的眼睛忽然像星星一样闪亮起来，而且"就在我眼前一闪一闪，"她回忆道，"这让我觉得啼笑皆非，之前我为了孩子息影居家，而现在为了孩子环游世界。"

她参观了食物派发中心、医院和大坝修建的现场；后者聚集的工人数量是如此的庞大，奥黛丽不仅想到了圣经《旧约》里史诗般的场景。奥黛丽惊奇地发现埃塞俄比亚人不仅缺乏安葬死者的坟墓，还需要挖掘的铲子。埃塞俄比亚是她前所未见并令人难以置信的另一个世界，有一次她看到一个小女孩独自站在帐篷里，于是询问孩子长大后的梦想，这一过程被视频录像记录了下来。在这段视频中，小女孩用方言答道："活着。"电影编剧在创作类似故事时会犹豫不决，总顾虑会被批判为多愁善感。但是在这里，5 岁的孩子就像无助的婴儿，这样的事实会完全抹去那些质疑的声音。恐惧无处不在。另一方面，奥黛丽却在这里见证了饥饿也无法消磨的典雅端庄。这里的女人们总是带着尊严和坚毅肩负起抚养孩子的责任。她们除了知道联合国儿童基金会的区域代表总是在人群中保护她之外，对于奥黛丽的事业和名望，她们完全不了解的。但谁知道呢，也许她们对这个优雅的女人有一种亲切感。记者有一次问奥黛丽是否需要更多的社工，她回答道："母亲是世界上最好的社工。"

回国后奥黛丽十分关注自己的公众形象，拒绝了一切她认为不合时宜的公众活动。例如，有些电视节目的娱乐性较强，她会认为不符合自己的责任而婉拒。当然，还是有记者问及她和电影作品的问题。这又有何不可呢？这是为联合国儿童基金会宣传的时机之一。如果观看了联合国儿童基金会拍摄的网络电视，见证了奥黛丽是如何在保持影迷们对其充满魅力的怀旧情结的同时，揭发惨痛的饥荒事实，并将两者之间的平衡把握得恰到好处，人们一定会感叹不已。

埃塞俄比亚之旅结束后，奥黛丽在英国、加拿大、瑞士、芬兰、德国和美国分别举办了记者招待会，其中许多的旅途费用都由奥黛丽自己承担。在全盛时期曾经回避记者访谈的奥黛丽如今为他们开放全天的采访时间。为了能够参加早晨的电视节目宣传联合国儿童基金会的工作，奥黛丽在天亮以前就起床。在会议室的讲台上，她应对着半辈子以来都在躲避的媒体记者以及冷冰冰的镜头。"我几乎无法睡觉也无法进食，"她回忆起和联合国儿童基金会的第一次工作亲密接触的感受，"完全没有时间。"在华盛顿特区，奥黛丽每天接受 15 个访谈，甚至还抽空安排了一次和 25 名国会议员的工作早餐，向他们呼吁增加对埃塞俄比亚的援助力度。美国确实这样做了。

欧洲和北美之旅结束后，奥黛丽在国际儿童节那天又远赴土耳其。无论走到哪里，奥黛丽总是跟人们分享她见证并拍摄下来的那些令人心碎的画面。有一次，当摄影组在拍摄许多蜷缩在一起无家可归的男人、女人和孩子时，奥黛丽甚至觉得自己不得不为整洁的妆容、看似健康的身体郑重道歉。"是的，

我的确为了摄影效果而带妆上镜。”她回复提问时说，毫不畏惧这位提问者的指涉，“如果你愿意的话，你也可以说我虚荣。我只是认为如果我更上镜的话，我能够更好地帮助孩子们。”

各处的情况几乎都大同小异。记者们带着怀疑的心情来出席奥黛丽的记者招待会，心中疑惑这是否是一次“炒作”：一位过气的电影明星居然身着纪梵希礼服来讨论忍受饥饿的儿童；可是只等奥黛丽一开口，他们的疑虑就冰消瓦解。“我来这里我不是为纪梵希做模特的，”她说，“纪梵希不需要我这样做。”她对记者琳·巴贝尔说：“名望只不过是过去的演艺事业留下来的一件行李。”琳·巴贝尔写道：“我讲到了关于‘牺牲时间’的话题，结果她急忙辩解说，‘这不是牺牲。因为牺牲意味着你为了并不需要的东西放弃了许多东西。这绝不是牺牲，而是我得到的一份恩赐’。”

1989 年 4 月，奥黛丽再次开始旅程，为“生命线行动”的启动远赴苏丹。她经过了南方埋有地雷的危险地区，为了能将救援食品和药物安全送达，奥黛丽还会见了叛军首领恳求安全放行。然而，这仅仅只是奥黛丽为联合国儿童基金会组织出行的五十多次旅程中的一次，此外奥黛丽还去了萨尔瓦多、孟加拉国、越南、危地马拉、泰国、肯尼亚和索马里等地。联合国儿童基金会关于这些慈善之旅的纪录影片就像万花筒一般呈现着各种触碰心灵的镜头。镜头中央的女人衣着朴素，身形修长，外表冷静安详，但一言一行都充满意义。“我了解你所做的一切，”她对索马里当地的救助人员肯定地说，一时间这位工作人员的脸变得就像熟透的甜瓜，尔后他便咧嘴笑了。她温柔地用勺子将食物喂给其他女人的孩子。十几双小手调皮地拽着她的马尾辫，或者是捏捏她的手臂。教室里的孩子们重复着她那几句简单的句子，为她鼓掌也得到她的掌声——这显然让他们很快乐。她似乎完全没有人身安全的概念，她穿行在不结果子的棕榈树间，走过收割结束后留下参差不齐的玉米秆的田地，所到之处还能听见不远处自动步枪的枪声。联合国儿童基金会的营养学家卡罗琳·特纳不久前经历了同事肖恩·德弗罗遭枪击后死在自己怀中的悲剧。奥黛丽和她会面并安慰了她，无言的拥抱胜过千言万语。奥黛丽的为人处世总是基于单纯的信任，田纳西·威廉斯的名言“来自陌生人的友善”总能在奥黛丽的每次会面中显现出来。

她是否承担了过多的工作，甚至威胁到健康？这个观点受到了激烈的反驳，“她有定期的健康检查。如果不给她安排满满当当的工作，她会不愉快，这样让她觉得自己是大材小用了。”消耗了她剩余精力的不单单是实地考察和媒体活动，联合国儿童基金会日内瓦办事处每天都会收到大量写给奥黛丽的信件。克丽斯塔·罗斯管理大部分的信件，其中的许多信件克里斯塔会附上建议回复的内容转给奥黛丽。奥黛丽常常会自己起草回函，对写信人的悲惨境地表达同情和慰问。其他的一些信件里有来自各个国家各种面额的捐款，这也显示了奥黛丽的电视节目对他们的激励。他们非常信任她，纷纷从自己的爱心和钱包里拿出了馈赠直接寄给奥黛丽。要得到奥黛丽亲笔签名的要求数不胜数，奥黛丽在上千张明信片大小的照片上签上自己的名字，她觉得以前做明星的自己从未燃起如此强烈的责任感。当联合国发行一系列以儿童绘画为主题的邮票时，奥黛丽设计了首日封的版式。

罗伯特·沃德斯不可避免却又心甘情愿地分担了奥黛丽的辛劳工作。无论奥黛丽去哪里参加媒体活动，沃德斯都先行一步来确认他们的食宿条件、安全措施以及话筒和影像设施。有时候他会听奥黛丽排练演讲。在演讲开始之前，奥黛丽总是焦躁不安。沃德斯会告诉她演讲听起来是否符合她的风格。一位记者意味深长地看了一眼这位蓄须的荷兰男人，不止一次地询问奥黛丽是否有再婚的打算。“我们没有这个需要，”奥黛丽会这样回答，“我们已经拥有了彼此，仪式并不会增加什么。我们从未想过这是在罪过里生活，相反我们是在爱里生活。”

电影行业依旧出于礼节呼唤奥黛丽复出，然而如今的奥黛丽已然在全球舞台上开始新的事业，对她出演主要角色的呼声渐弱。但有一部电影可能是因为电影主题引发了奥黛丽特殊的共鸣成功获得奥黛丽的同意，这部电影就是斯蒂芬·斯皮尔伯格执导的《直到永远》。电影讲述了一个意蕴深远的爱情故事。电影改编自战时畅销小说《一个名叫乔的家伙》，故事中一名飞行员在战争中牺牲，以天国灵魂的形象“重返”人世看望未婚妻，并无私地引领她和另一名男子走进婚姻的殿堂，步入幸福生活。这样的故事是大众娱乐给那些在战争中失去丈夫和儿子的人们提供的安慰。奥黛丽只出演了片中的配角，是带领理查德·德赖弗斯饰演的飞行员前往天堂的天使，奥黛丽将大部分片酬捐赠给了联合国儿童基金会。

奥黛丽在片中身穿白色宽松长裤搭配她经典的白色高翻领毛衣，还是一如既往的苗条。天使最后提出的建议也是奥黛丽心中早已成形的想法。她告诫他：不要将灵魂浪费在自己的事情上，而是要为他人着想。这也是她正在做的事情。接着，斯皮尔伯格喊“停”，她完成了最后一场戏的拍摄——这是她在电影屏幕下的最后一个镜头——镜头里的她甜美安详。

窈窕淑女与她的圣诞节

如果说奥黛丽的灵魂没有因为奔波劳累而付出代价的话，至少舟车劳顿对健康带来的负担是显而易见又令人不安的。朋友们都恳求她不要过度操劳，却毫不奏效。奥黛丽毫不留情地为自己安排工作。

在现场考察的时候，她几乎不给自己休息的时间，仿佛是她不允许自己懈怠。她的睡眠质量也因此非常不好。她看到了集体的悲剧，却担忧她遇见的每个个体；所以两者都成为她的噩梦。这项工作完全征服了她，巨大无比的痛苦占据了她的思绪，真实残忍的画面吸引了她的目光。麦克劳德评论说，即使她回到井然有序的西方，痛苦还是像热病一样“感染”了她。如今，个人所付出的代价是显而易见而又令人震惊的。“她坐在那里，毫不夸张地说，她的手一直在颤抖，”麦克劳德说。朋友们都了解奥黛丽决心不顾个人代价、“尽职尽责”的主要原因在于赈灾慈善机构曾帮助病中的小奥黛丽，甚至救了她的性命，她想要回报儿时的这份馈赠。她无可避免地产生了强烈的因果轮回的感觉，每一个情绪都被回忆中自己曾因饥饿威胁而濒临

黛丽在奥斯卡红毯
向大家挥手致意。

晚年的奥黛丽。

死亡的经历和战争下的压迫感放大了。

1990 年 5 月，奥黛丽来到伦敦，参与一场由她发起，基于安妮 · 弗兰克的日记谱曲及作词的音乐会。音乐会上她会见了作曲家及管弦乐队指挥家迈克尔 · 蒂尔森 · 托马斯。这是为联合国儿童基金会筹集善款的一种方式，安妮以愉快的写作风格真实记录了二战事件和感情，人们通过回忆一个孩子的个人悲剧来向广大受难儿童致敬。奥黛丽担任此次音乐会的独白。在过往的岁月中，奥黛丽曾两次回绝饰演安妮 · 弗兰克的电影片约，因为无论影视作品多么感人，她都不认同把个人悲剧转化为个人演绎和大众娱乐的做法。此时

奥黛丽和儿子西恩·费勒。

出演是为了联合国儿童基金会的事业。她不再是一位电影明星，而是与战时遥相呼应的时代悲剧的一个参与者。情感丰富是她的天赋，现在奥黛丽可以毫无畏惧地调动情感。这场音乐会就像是一次净化心灵的旅程。有一位作家在音乐会开始之前采访了奥黛丽，作家这样说道："要亲身经验饥饿和不幸，她所做的工作不单消耗情感，也耗费体力……她现在处理情感的方式和 40 年前一模一样，她限制了情感的伤害，但同时通过交流把情感的力量发挥到极致。"她坦率地说："我用纯粹的情感诠释安妮·弗兰克。"奥黛丽在管弦乐团和所有观众面前朗诵了安妮的日记选段。她不再害怕自己失声痛哭，因为在一次次实地考察的旅途中，她为了孩子们已经流光了所有的眼泪。这场音乐会为联合国儿童基金会创下了筹集 3 万英镑善款的纪录。

正当她倾情投入时，体能却比她预想的，或者是她愿意承认的程度还要糟糕。她开始了新的考察旅程，这也是她人生中最后的一次。1992 年 9 月 19 日，63 岁的奥黛丽踏上了为期 5 天的索马里和肯尼亚之旅。

启程之前，奥黛丽接受了常规健康检查。医生对奥黛丽说明了索马里的艰苦环境可能会对她的身体造成伤害。由于各地军阀火拼混战，两败俱伤，索马里联邦共和国成为非洲大陆上饥荒、疾病最严重的不幸国家。于是医生问询奥黛丽此次旅程是否真的非去不可。如果政治家们协商实现和平或者至少暂时休战的努力都宣告失败，仅仅凭她一人之力又能做些什么呢？这个问题似乎让奥黛丽心烦意乱。她拒绝了之后其他的检查项目，好像是担心万一发现不利的检查结果会干扰她实施繁重的工作计划。这注定是一次艰苦卓绝的旅程。

也正是在这个时候，虽然奥黛丽的心里一直拒绝承认，但她的身体开始抗议，她需要停下来。在出访的第二天，她开始感受到胃下部间歇性的疼痛。很快，奥黛丽去看了当地的医生。但由于当地缺乏精密仪器，医生们无法确诊，只是觉得可能是感染了阿米巴痢疾，建议奥黛丽缩短出行计划。她拒绝说："没有休息的时间。"奥黛丽不顾疼痛的折磨坚持继续工作，只是时不时地按摩胃部以减轻痛苦。与周围巨大的不幸相比，她认为自己的病痛微不足道。止疼片减轻了一些疼痛，并支持她完成工作一直到返回日内瓦。

即使返回日内瓦后，她也没有休息或者去医院检查。她说："这是因为那奇妙而老套的想法：他人比自己更重要。"奥黛丽继续参加伦敦海外记者协会的媒体工作。回想起来，这种做法真是愚蠢。奥黛丽此时非常虚弱，她自己一定也有所觉察。关于她糟糕的身体状况有一种最善意的解读：在目睹了如此多的人间悲剧之后，奥黛丽最终不堪重负，引发了创伤后应激障碍。然而她依旧拒绝任何的临床诊断，也许她仍然坚定地相信精神的力量可以治愈肉体的病痛。由于无法获取保密的医疗资料，没有人确切知道奥黛丽的病情。

1992 年 10 月上旬，奥黛丽在伦敦出席了联合国儿童基金会的记者招待会。英国《星期日独立报》的詹姆斯・罗伯特写道："当她步入会场时，这位 63 岁女人的微笑点亮了全场，就像 20 世纪五六十年代在影院里鼓舞了一代人的那个微笑一样，充满着力量。现在，她不再微笑，而是让所有聚集的记者媒体都沉浸在她的悲伤之中，会场的后面甚至传来了抽泣的声音。"她一举一动之中都传达出压力负担，也投射出近期她所见证的强烈痛苦。可能只有罗伯特・沃德斯了解改变她容貌的更重要的因素：健康状况。罗伯特关怀体贴地站在她旁边，他能感受到奥黛丽所隐忍的痛苦，但却无能为力。当时的奥黛丽不得不全天候地服用止疼药品。在之后接受不同记者的单独采访时间里，除了习惯性地喝上一杯兑水威士忌以外，她不吃任何提神食品或饮品。

她回到特洛什纳静养休息。到这个阶段，医疗检查已经必不可少，她却依旧拒绝住院治疗。10 月中旬，她和沃德斯一同飞往洛杉矶，康妮・沃尔德接待了他们。奥黛丽在香柏西奈山医疗中心接受了治疗，在接受检查和 X 光拍摄的时候，她只是一个门诊患者。但结果并不乐观，经诊断为阑尾肿瘤，必须通过手术才能确定肿瘤是否是恶性的。奥黛丽出入医疗机构的照片不加掩饰地显露了她的痛苦。她蜷缩着，弯着腰，仿佛脱水和疲倦已经让她无力招架。

以往一直赋予她一种脆弱美感的骨架如今已然变得瘦骨嶙峋。

1992年11月1日，奥黛丽接受了一次紧急手术。手术切除了一部分回肠组织，随后被送入重症监护室接受进一步检查。一切都悬而未决。很快她就可以在专属病房里随意行走，也开始接待一些朋友，其中就有格里高利·派克和伊丽莎白·泰勒。她出院后住在康妮·沃尔德家里，十分痛苦地等待着悬而未决的诊断结果。她说她相信自己一直十分"幸运"。如果有人能够配得上"幸运"一词的话，这个人就是奥黛丽·赫本。

奥黛丽的病情一度得到缓解，所以疼痛的再次降临所带来的震撼就变得格外残忍。大约3周之后，剧烈的腹痛让奥黛丽不得不重新回到医院。这次的检查结果是毁灭性的打击。检查显示她的肠道严重堵塞，医生们怀疑恶性癌症细胞已经扩散。12月中旬的医疗预后令人不寒而栗，奥黛丽最多还有3个月的生命。

在所有的探视时间内，罗伯特·沃德斯都陪伴在床边，守着因麻醉而睡眠的奥黛丽。只有好莱坞圈中少数几个好友有探视的机会，即康妮·沃尔德、格里高利·派克和伊丽莎白·泰勒。泰勒对身体上的痛苦并不陌生，她握住奥黛丽的双手，同样星光熠熠的两位女士都相信精神的力量可以支配脆弱的身体。医生提供了各种药物及所有能减轻奥黛丽痛苦的治疗，但是在上千人的脸庞上目睹过死亡的奥黛丽不接受谎言。于是他们坦白地告诉她癌症正在慢慢恶化。"她是个勇敢的战士，"一个亲密的朋友说，"但她不愿意成为任何谎言的同谋，特别是自欺欺人的行为。她还有许多的事情要完成，可惜她已时日无多。"

对于那些听过奥黛丽为困苦国家奔走呼救的人们来说，奥黛丽将不久于世的事实让这成千上万的人们感触更加深刻，奥黛丽对他们的个人影响力更加强大。当她躺在医院的病床上时，世界各地的新闻媒体和电视媒体用各种语言一次又一次地回顾她的职业生涯。媒体关注之大让人无法不联想到这是某种形式的讣告预演。诺贝尔和平奖得主德蕾莎修女获悉奥黛丽·赫本病危

奥黛丽人生中最后一部电影《直到永远》，由斯蒂芬·斯皮尔伯格执导。

的消息时，命令所有的修女彻夜为奥黛丽·赫本祷告祈使她能够奇迹般地康复，祷告传遍世界各地。作家兼批评家谢里丹·莫利此时身在纽约，路过一家音像店的时候，他看到这家店的橱窗里“从地面到天花板都整齐地摆放着一盒盒的奥黛丽电影录影带，像一种纪念性的致敬行为，就好像是维也纳糕点店的橱窗里会张贴那些身患绝症或者不久于世或刚刚逝世的皇室成员的照片一样。刚开始的时候，我惊诧不已，我站在雨中凝望着这些录影带，意识到这实际上是对伟大职业生涯的一场无与伦比的庆典”。

一意识到医学治疗已经毫不奏效，奥黛丽就不愿意再待在洛杉矶休养。她必须回家，回到她心爱的和平之邸，而且是越快越好。她想再看看瑞士雪山上闪闪发光的皑皑白雪，这像极了记忆中父母家里枝形吊灯的水晶光泽，那时的她在父亲怀中无限惊奇地盯着那处的光亮。她太虚弱了，根本无法乘坐商务班机返回日内瓦。这时有一位朋友挺身而出：纪梵希。纪梵希将自己的私人飞机交给奥黛丽自由支配，还可以带上一位医生和护士长途飞行回到日内瓦的家中。

这架湾流喷气机于 1992 年 12 月 20 日抵达日内瓦机场，罗伯特·沃德斯扶着她走下飞机，她每一步都特别缓慢，面色十分苍白，重重倚靠在罗伯特的怀里。回到家中，最先迎接她的是和平之邸的大厅里一束巨大的山谷百合。用不着看卡片，奥黛丽也知道这是纪梵希种的花。

屋子里四处都是她钟爱的白色花朵。这时她还没有到终日卧床不起的地步。上午她会休息，之后吃一顿清淡的食物；如果天气不是太冷的话，她就绕着阶梯花坛和花园散一小会儿步，园丁乔瓦尼会在那里铲雪。奥黛丽依旧寄发圣诞卡片。今年她引用了印度作家和思想家泰戈尔的一句话，“每个婴儿的出生都带来上帝没有对人失去希望的讯息。”

12 月 25 日，她下楼躺在会客室的沙发上，身上盖着驼绒小毛毯，家人都聚在身边。西恩说她神采奕奕，平静地享受着家人团聚的每一个时刻。圣诞节的晚上，又到了一天中该将她抱到楼上卧室休息的时候，她看着每一个人说："这是我人生中最美好的圣诞节。"

1993 年的第一周过去了，一种安静的氛围随之而来，降临在和平之邸和整个村庄。奥黛丽被告知她荣获了美国演员工会授予的"终身成就奖"，由《风月俏佳人》的主演朱莉亚·罗伯茨代为领奖。奥黛丽也因其在联合国儿童基金会的工作获得了琼·赫肖尔特人道主义奖，奖项将在 3 月奥斯卡颁奖礼上颁发。当她想起大约在四十年前她因《罗马假日》成为奥斯卡"最佳女主角"时还是琼·赫肖尔特本人为她颁发的奖杯，她一定会开始微笑了。但这次她再次赴约的可能性却是微乎其微。

1993 年 1 月 20 日晚上 7 点，在家人和伴侣的陪伴下，奥黛丽最后一次失去意识，不久就离开人世。就在当晚，小村庄里家家户户的窗台上亮起蜡烛。几百米以外的新教小教堂为奥黛丽女士的离世而长鸣丧钟，人们都从钟声中知道了奥黛丽去世的消息。第二天清早，左邻右舍在和平之邸门前的阶梯上摆满鲜花。

当天，美国各大电视新闻网正在直播总统老布什宣誓就职他的第一次总统任期，而赫本去世的消息一传到大洋彼岸电视讯号马上切换到赫本的特别报道，宣布了这一噩耗。新闻报业也很快就将早已准备好的讣告以及奥黛丽·赫本的生涯回顾付诸印梓。通过媒体的报道，世界的其他角落在晚上睡觉之前或者是清早起床时得到了这一悲讯。不久，特洛什纳的邮局开始处理各种悲悼公报传真和电报，几近瘫痪。克丽斯塔·罗斯所受到的打击之大可能没有几个奥黛丽的近亲能与之相比。这位联合国儿童基金会的主管和奥黛丽远远不止于工作关系，两人亲密无间。她们都是战时儿童，在贫困潦倒中成长，都目睹了难以想象的苦痛折磨。克丽斯塔·罗斯回忆说："她就像我的亲姐妹，我一直对自己说'我知道她有多么坚强……她会渡过难关，恢复健康的。'BBC 给我打电话，请我为他们提前录好讣告。无论我多么努力，我都无法

晚年的奥黛丽享受着生活的宁静。

完成这件事情。我不能这么做，我们还有希望。”

多丽丝·伯连纳是奥黛丽的近邻，也是她在瑞士最亲密的朋友。当她得知无法再次见到奥黛丽的时候，同样经历了震撼和打击，甚至几乎可以称得上是一种负罪感。“我们有约定，我和奥黛丽两个人要一起离开。现在我还活着，她却不在了，我成了孤家寡人。”

当朋友们和同时代的名人们听闻奥黛丽去世的噩耗，一波又一波向奥黛丽致敬的颂辞接连到来。

所有的颂辞无不袒露对这样一位美丽又广受爱戴的女士的痛惜之情，“如今上帝又有了一位最美丽的天使，”伊丽莎白·泰勒的这句话稍显夸张，但她

奥黛丽的长眠之地。

又补充说，“因为奥黛丽清清楚楚地知道在天堂里要做什么。”她指的是奥黛丽生前的通情达理。索菲亚·罗兰说“她丰富了成千上万人的生活”，这勾起了人们关于奥黛丽更加清醒的记忆：奥黛丽曾挽救过许多人的生命，并且本来希望可以救助更多的人。“我完完全全地敬爱她，”肖恩·康纳利回忆起在《罗宾汉和玛丽安》与奥黛丽的秋日相聚时说道，“每个人都一样地敬她爱她。”这说法平淡无奇，却实实在在。前总统里根将奥黛丽称为“一位真正伟大的女性，人们将会十分想念她。”罗杰·摩尔是奥黛丽在瑞士时的近邻，和她一样摩尔也是联合国儿童基金会的亲善大使，他说：“她是好莱坞的稀世珍宝，一位先人后己、真正关爱他人的耀眼明星。”格利高里·派克将当下的悲痛和奥黛丽过去作为耀眼的新星刚刚进入人们视野的惊艳时刻联系起来，他说：“毫无疑问，公主的确变成了女王——而且不单只在银幕上。”

奥黛丽去世的那天是星期三，葬礼安排在下一个周日在一个小小的桃色福音派教堂举办。葬礼仪式由特洛什纳的新教牧师安德烈·莫尔尼主持。莫里斯·艾丁格尔牧师此时已经是耄耋之年，他曾在 1954 年主持过奥黛丽和梅尔·费勒的婚礼，也曾为西恩施洗礼，已经退休的他将出席葬礼宣读悼词。教会大约只能容纳 100 人左右，由于媒体的大肆报道，奥黛丽的家人理所当然地开始担心葬礼以及整个村庄的安宁都会受到媒体的搅扰，更不用说无数的哀悼者和富有同情心的观光游客。然而他们担心的事情并没有发生。奥黛丽在世时所赢得的尊重在葬礼上得到了印证，大街上虽然人群拥挤却井然有序，除了强忍之下依旧发出的哭泣声，大部分时间他们都保持安静。现场有十几个身强体壮的摄影师扛着摄像机，每一位身边还有拿着话筒的助理，甚至连他们都不同寻常地对逝者和生者都充满敬意，一路道歉才走到人群前面。

那一天天气寒冷。刺眼的寒风让眼里盈满的泪水夺眶而出。上午 10: 15，由荷兰皇室、伊丽莎白·泰勒、格利高里·派克、联合国儿童基金会、奥黛丽的数十名亲密友人和仰慕者送的花束送到了教堂。

临近中午时，和平之邸的侧门打开，奥黛丽的浅色橡木棺由她最亲近的几个男人抬到了教堂，他们分别是卢卡·多蒂、西恩·费勒、简·凡·于福德、罗伯特·沃德斯和纪梵希。第 6 位送葬者是奥黛丽在特洛什纳的邻居之一，这体现了特洛什纳小村庄的悲痛。梅尔·费勒和妻子伊丽莎白跟随在送葬队伍里，费勒看起来老了很多，满头白发，情绪激动。教堂里约有 120 位应邀而来的悼念者。西恩·费勒离开了抬棺队伍，拥抱了父亲费勒，将他带到了亲密的家人中间。安德烈·多蒂也站在儿子近旁，从厚厚的眼镜片后擦拭泪水。

就在教堂大门即将关闭的时刻，一个身影出现了。他身着风衣，衣角在风中摆动，这人就是阿兰·德龙。“我和奥黛丽第一次见面的时候，我也迟到了。”当领座员带领他到座位上时，他气喘吁吁地说，“对不起，对不起。”

由风琴演奏的巴赫前奏曲充满了整个教堂，曲调激昂，并不阴郁。接着音乐渐强，孩子们的歌声也随之响起。西恩·费勒深知母亲也会希望孩子们可以成为当天的主角，人们会纪念她的生命和贡献；因此，西恩邀请了蒙特勒的圣佐治国际学校的唱诗班献唱了《主是我的牧者》。莫里斯·艾丁格尔牧师讲述了奥黛丽的索马里之旅给病中孩子们的脸上带来了光明，情绪十分激动，几度哽咽。也许这个讲述有些老套，然而此时此刻却十分应景，之前一直乌云密布的天空忽然出现一束冬日暖阳，倾泻而出，照亮了整个教堂。如果这说不上是神圣预言，那也算得上是令人欣慰的一次巧合。

联合国大使萨德鲁丁·阿迦·汗王子接着发表了演讲，他谦逊地说奥黛丽在工作中所克服的艰辛和困难比大多数外交家所能接受的还要多。之后是葬礼最感人的时刻。

西恩提起了去年的平安夜，“那时妈妈正在给我们读她喜欢的一位作家写的信，那封信是这样写的，‘记住，如果你需要别人拉你一把，那只手就在你的手臂上。随着年龄的增长，你必须要时时牢记你有两只手。第一只手用来自助，第二只用来帮助他人。’”他平静地结束了演讲，“妈妈相信爱……爱能够治愈、修补一切，使万事万物归于安宁。”

教堂外的墙边排满了人们献上的花环、花束，有许许多多的百合、康乃馨、粉红和白色的雏菊，还有成排成排的白玫瑰和红玫瑰。葬礼仪式结束时，空气中布满了蜡烛的香味和在温暖中开放的花朵的清香。抬棺者们抬起奥黛丽的棺木，看起来十分轻盈。送葬的队伍跟在棺木后面，瑞士凉爽的风吹拂着他们的脸庞。他们很快穿上了外套，戴好围巾和手套。接着人群走到了几百码之外那不大的斜坡墓地。墓地旁边的主干道因为葬礼的缘故完全交通管制了。

奥黛丽的墓处于斜坡顶端，背靠一处矮墙。墓地俯瞰近处西边的葡萄园，直面她的住所。坟墓后立着刚刚上漆的棕木十字架，上面写着她的名字“奥黛丽·赫本”和她的生卒年月“1929 年至 1993 年”。这个墓园四处都是像“杜福尔”、“莫雷尔”、“安格洛斯”和“雅克”这样的姓氏，而奥黛丽的坟墓是其中唯一一座以英语名字留名的墓地。

除了邀请的客人外，还有大约 700 多人跟随送葬，但他们出于尊重站在墓园的外面。不远处，来自日内瓦湖的海鸥飞扑而下，稍事休息后又再次起飞，丝毫没有受到送葬人群的搅扰。客人们一个接一个地列队走过敞开的坟墓，再看一眼摆放着一枝白色郁金香的棺木，然后放上一朵玫瑰、百合或者白色康乃馨，有些人在离开之前还默默地做了简短祷告和最后的告别。梅尔·费勒在墓旁公然哭泣，留着灰色胡子的罗伯特·沃德斯拥抱了他。不论奥黛丽失败的婚姻曾经引发了何种辛辣批评，此时都在她残酷早逝的悲痛中烟消云散。

之后，他们献上敬意也释放了情绪，客人们又重新组成队伍，走回和平之邸参加招待会。其他的悼念者开始通过墓地的小铁门进入，在奥黛丽安息的新墓上放上他们的花束，也许这些花束不如客人们的整洁华丽，却丝毫不减诚意。很快，奥黛丽看起来不像是被埋葬在坟墓里，而像是睡在一个巨大的花篮里面。

图书在版编目（C I P）数据

奥黛丽·赫本传 / （英）亚历山大·沃克著；曾桂娥译. -- 武汉：长江文艺出版社，2017.9（2018.7 重印）
（一世珍藏名人名传精品典藏）
ISBN 978-7-5354-9037-7

Ⅰ. ①奥… Ⅱ. ①亚… ②曾… Ⅲ. ①赫本（Hepburn, Audrey 1929-1993）—传记 Ⅳ. ①K835.615.78

中国版本图书馆 CIP 数据核字(2016)第 190237 号

责任编辑：陈俊帆　　责任校对：陈　琪
封面设计：金　山　　责任印制：邱　莉　王光兴

出版：长江出版传媒 | 长江文艺出版社
地址：武汉市雄楚大街 268 号　　邮编：430070
发行：长江文艺出版社
电话：027—87679360
http://www.cjlap.com
印刷：武汉市金港彩印有限公司

开本：710 毫米×970 毫米　1/16　印张：19　插页：4 页
版次：2017 年 9 月第 1 版　　2018 年 7 月第 2 次印刷
字数：190 千字

定价：49.80 元